페이퍼 파워

페이퍼 파워

| 김용섭 지음 |

살림Biz

"Publish or Perish!"

당신은 과연 무엇을 선택할 것인가?

페이퍼의 힘을 활용하지 않는다면

당신의 미래는 성공의 기회를 뺏기고 말 것이다.

"The pen is mightier than the sword."

펜이 칼보다 강한 이유는, 펜에겐 '종이'가 있기 때문이다.

펜이 종이를 만나면 공유와 전파, 확산, 지지 등의

무수한 기회의 힘을 가질 수 있다.

글이 써진 종이는 세상 그 어떤 것보다 강력하다.

프롤로그

성공하는 사람에겐
100% 페이퍼 파워가 있다!

'페이퍼 파워(Paper power)'는 문서·책·논문·신문·글 등 '페이퍼'의 영향력을 통해 자신의 가치를 높이거나 새로운 기회를 만들어 내는 능력을 말하는 것으로서, 이 책에서 처음 명명·정의하고 소개하는 개념이다. 줄리어스 시저(Julius Caesar), 버락 오바마(Barack H. Obama), 앨빈 토플러(Alvin Toffler), 빌 게이츠(William H. Gates), 스티브 잡스(Steven P. Jobs), 말콤 글래드웰(Malcolm Gladwell), 스캇 보라스(Scott Boras), 안철수, 김효준, 김영세, 고도원, 공병호, 구본형, 진중권, 정약용 등의 사람들과 맥킨지(McKinsey), 리쿠르트(Recruit), 기네스(Guinness), 미쉐린(Michelin), 삼성경제연구소 등의 기업들을 떠올려 보라. 이들의 공통점이자 이들의 성공을 가능케 했던 진짜 비밀은 바로 '페이퍼 파워'다. 이 책은 그간 다른 책에서 다루어진

어떠한 성공 전략이나 비밀보다 성공에 더욱 강력한 영향을 미치는 페이퍼 파워의 실체를 알려 줄 것이다.

그렇다면 도대체 페이퍼 파워란 구체적으로 무엇이고, 그 힘은 과연 얼마나 강한 것일까? 페이퍼 파워라는 것은 어떻게 저들의 크나큰 성공을 이끌었던 것일까?

말보다 강한 것이 글이다. 글은 말보다 더 파급력 있고, 더 강력한 설득을 이끌어 내며, 더 많은 기회를 만들기 때문이다. 이런 글이 종이(지면)과 만나면 더욱더 강력한 페이퍼가 된다. '페이퍼 > 글 > 말'의 공식을 꼭 기억하자. 이 공식은 정보 전달력, 정보 확산력(유포), 정보의 기회 유발력 등 모든 면에서 성립된다. 비즈니스 및 회사나 국가의 모든 일은 페이퍼로 이뤄진다. 페이퍼 덕분에 역사는 오늘날에도 과거를 알려 주고, 학술과 정보 등의 지식 역시 시공간을 넘어 전파된다. 페이퍼는 상대에 대한 설득이나 사업의 투자 유치를 위한 무기, 대중의 감성을 유혹하거나 지식과 식견을 넓히는 무기가 되기도 한다. 그와 동시에 자신의 부와 명예를 만들어 줄 무기, 원하는 목표를 달성시킬 무기도 된다.

페이퍼는 만드는 사람 자신은 물론 타인도 이롭게 한다. 페이퍼를 만드는 이는 그 과정을 통해 큰 공부를 할 수 있고, 비즈니스 기회를 얻거나 개인 브랜드의 가치를 높일 수 있다. 또한 자신의 책 한 권을 사는 누군가에게 자신이 이뤄 놓은 공부와 정리의 결과물을 편하게 공유·습득하게 한다는 점에서 타인을 이롭게도 한다.

나는 열정과 의지, 간절한 바람이면 성공할 수 있다는 다소 무책임한 자기 계발이나 성공학 관련서를 좋아하지 않는다. 바라고 바라면, 진정 간절히 바라면 성공이 이뤄질까? 절대 아니다. 가난이나 실패를 바라는 사람은 없고, 성공을 간절히 바라지 않은 사람도 없다. 아직 성공하지 못한 사람들이 열정과 의지, 바람이 부족한 탓이라 하기는 어렵고, 성공에 이른 사람들이 그런 요소들 덕분에 성공했다는 결론을 내리기에도 무리가 있다. 성공에는 부단한 노력과 꾸준히 흘린 땀, 탁월한 능력과 전문성, 실용적인 전략과 방법이 필요함은 물론 좋은 환경과 적당한 운도 따라야 한다.

필자 개인적으로는 열정과 의지, 바람보다 현실적이고 실용적인 방법과 능력, 전문성이 성공에 더 중요하다고 믿는다. 성공의 진짜 '시크릿'은 간절한 바람 자체가 아니라, 페이퍼 파워의 활용이다. 그래서 성공을 바라는 이들을 위해 이 책을 쓰게 되었다. 당신의 능력과 전문성을 보다 극대화할 페이퍼 파워라는 무기는 당신에게 새로운 기회와 운, 동기 부여, 심지어 열정과 의지마저도 만들어 줄 것이기 때문이다. 당신의 성공은 당신의 심장보다 당신의 머리와 손끝에서 시작된다는 사실을 기억하자. 페이퍼 파워는 바로 당신의 성공을 여는 열쇠다.

성공한 사람들 중 운의 중요성을 간과하는 이는 별로 없다. 노력도 중요하지만 운이 따르지 않는다면 성공에 이르는 데에도 한계가 있기 때문이다. 그렇다면 운은 어떻게 만들어지나? 가만히 있는 자에겐 결코 운이 찾아오지 않는다. 동에 번쩍 서에 번쩍하며 이곳저곳 부지런히 몸을 움직이는 사람은 그렇지 않은 사람보다 더 좋은 운을 만들 수 있지만, 그것에도 물리적인 한계가 있다.

몸을 움직이는 것보다 운을 끌어당기는 더 강력한 방법은 바로 페이퍼가 돌아다니게끔 하는 것이다. 페이퍼는 확산 속도와 범위에 있어 사람이 몸을 움직이는 것과 비교할 수 없을 정도로 막강한 힘을 가졌다. 잘 만든 페이퍼 하나는 수천 명, 아니 수만 명을 직접 만나는 것 이상의 강력한 효과를 가지며 숨어 있는 기회들을 자신에게 쏟아지게 한다.

페이퍼 파워를 가진 자와 못 가진 자의 가장 큰 차이는 '실행력'이다. 글을 못 쓰는 사람은 없다. 그러나 누구나 그 글을 페이퍼로 만들어 낼 수 있는 것은 아니다. 흔히들 "내 이야기를 책으로 쓰면 몇 권은 그냥 나올 거야."라고 쉽게 말하지만, 실제로 책을 쓰는 사람은 극소수에 불과하다. 비슷한 능력과 경력을 가졌어도 자신의 책이 있는가의 여부는 그 사람이 이후에 만들어 갈 기회와 맞이할 운의 차이를 가져온다. 남들과 보다 넓은 인간관계를 원한다면, 즉 1:1이 아니라 1:n이 되고자 한다면 페이퍼를 만들고 공유(유포)해야 한다.

페이퍼는 베스트셀러인 『시크릿(The Secret)』에서 말하는 '끌어당김'의 힘도 발휘한다. 그 '끌어당김'은 초자연적인 힘 혹은 밑도 끝도 없이 막연한 행운이 아니라 우리가 스스로 만들고 시도한 것에 따라오는 운과 힘이기 때문이다. 그리고 그중에서도 가장 강한 힘을 가져다주는 것이 바로 페이퍼 파워다.

   이 책을 통해 페이퍼 파워에 대한 동기 부여와 자극을 강하게 받고, 당장 페이퍼 파워를 위한 작은 실천을 할 수 있길 바란다. 내가 이 책을 쓴 이유이자 이 책이 가진 소임이 바로 그것이기 때문이다. 당신이 진정 바라는 것, 당신이 원한 성공을 이루는 데 페이퍼 파워가 가장 강력한 비밀 무기가 될 것임을 믿어라. 그 믿음은 당신에게 '진짜 기회'를 만들어 줄 것이다.

2009년 9월,
〈날카로운상상력연구소〉 소장 김용섭

CONTENTS

프롤로그_ 성공하는 사람에겐 100% 페이퍼 파워가 있다   5

제1부 페이퍼 파워란 무엇인가

제1장_ 쓰고 남기는 자가 역사이자 권력이다

줄리어스 시저의 페이퍼 파워 18 | 국회의원 열 명 중 네 명은 작가? 21 | 조선의 최고 정치인과 최다 저술가는 동일인? 24 | 역사는 기록하는 자의 의도대로 기억된다 27 | 페이퍼 파워를 가진 경영 리더 : 스티브 잡스, 빌 게이츠 그리고 안철수 30 | CEO의 글쓰기와 경영 성과의 관계는? 35 | 하버드대 졸업생들에게 성공의 비밀을 물었더니 41 | 리더가 되려면 페이퍼 파워부터 길러라 45

제2장_ 페이퍼 파워에 목숨 거는 사람들

증권가 '찌라시'는 왜 사라지지 않을까? 50 | 연예인 X파일은 페이퍼였기에 파괴력이 컸다! 57 | 왜 대기업은 미디어를 소유하고 싶어 하나 60 | 대기업에서 경제·연구소를 운영하는 이유는? 63 | 정부의 국책 연구소, 싱크 탱크와 마우스 탱크 68 | 페이퍼를 무기로 여론을 등에 업으려는 시도들 72 | 인용과 통계, 숫자의 권위로 유혹한다! 76 | 스토리텔링의 힘은 마케팅에서도 강하다 83 | 황우석은 왜 페이퍼에 집착했을까? 89

Paper Power

제2부 **페이퍼 파워** 끌어올리기

제3장_ 페이퍼 파워의 첫 번째 힘 – 비즈니스 기회를 만든다

글 잘 쓰는 사람이 더 빨리 성공한다 96 | 세상의 중요한 일은 모두 문서로 처리된다 98 | 인터넷 브라우저 시장을 장악한 MS의 힘은 빌 게이츠의 보고서였다 103 | 맥킨지는 어떻게 이전에는 없었던 경영 컨설팅 시장을 만들었을까? 105 | 리쿠르트는 어떻게 주목받는 회사가 되었을까? 110 | 광고회사의 보고서는 소비를 유도한다 113 | 현대카드, 삼성전자, SK텔레콤, 국민은행의 공통점은? 119 | 투자의 귀재 워런 버핏의 경쟁력은 보고서! 122 | 3억 2,000만 원 들인 펀드 보고서와 섹시해지는 증권사 보고서 125 | 영업의 강력한 무기, 제안 요청서 129 | 김효준 BMW코리아 사장의 결정적인 보고서 133 | '후쿠다 보고서'가 삼성전자를 바꿨다! 138 | 메이저리그를 주무르는 에이전트, 스캇 보라스의 무기는? 141 | 비즈니스 기회를 만들고 싶다면 페이퍼부터 준비하라 145 | 취업하고 싶다면, 승진하고 싶다면 페이퍼에 목숨 걸어라 149

▶ **제3장 핵심 정리** 153
▶ **페이퍼 파워 트레이닝 1** : 잘된 보고서의 열 가지 요건 154

제4장_ 페이퍼 파워의 두 번째 힘 – 새로운 브랜드를 창조한다

킨제이를 세계적 스타로 만든 '킨제이 보고서' 160 | 맥주 회사와 타이어 회사, 페이퍼로 다시 태어나다 163 | 세계적인 미래학자 앨빈 토플러는 박사가 아니다? 167 | 경영 구루 토머스 프리드먼과 말콤 글래드웰은 경영학자도, 경영자도 아니다 171 | 버락 오바마, 빌 클린턴, 앨런 그린스펀, 토니 블레어의 공통점은? 174 | 구본형과 공병호, 그들에게 책이 없었다면? 180 | 진중권과 조갑제, 그들의 힘은 페이퍼에서 나온다 183 | 필립 K. 딕과 아이작 아시모프, 그들이 쓴 대로 미래가 만들어진다 186

▶ 제4장 핵심 정리 191
▶ 페이퍼 파워 트레이닝 2 : 나만의 책 쓰는 법, 아홉 가지 실천 지침 192

제5장_ 페이퍼 파워의 세 번째 힘 – 세상을 내 편으로 만든다

오바마 대통령은 페이퍼에 의존한다? 200 | 스티브 잡스와 맥월드 키노트는 애플의 최고 경쟁력 203 | PT 잘해서 임원이 된 운 좋은 사람 208 | 편지 쓰는 CEO : 편지 한 통이 조직을 뭉치게 하고 실적을 춤추게 한다 212 | 평사원도 스타로 만들어 낸 뉴스 레터 216 | 김영세의 12억짜리 냅킨과 힐러리의 메모장 220 | 한 불행한 천재, 그에게 페이퍼 파워가 있었다면? 225 | 이젠 페이퍼 파워가 새로운 권력이다 227

▶ 제5장 핵심 정리 231
▶ 페이퍼 파워 트레이닝 3 : PT 잘 만들고 잘하는 아홉 가지 방법 232

제3부 **페이퍼 파워**로 세상의 중심에 서라

제6장_ 페이퍼 파워 없이는 미래의 성공도 없다

페이퍼 파워는 가장 중요한 자기 계발 전략이다 240 | 일석십조! 쓰는 자만이 누릴 권력 244 | 메모하지 않는 자에겐 놀라운 아이디어도 쓸모없다 249 | 페이퍼는 시작보다 마무리가 중요하다 252 | 써라, 또 써라! 하루에 하나씩 쓰고 만들어라! 255 | 페이퍼 파워는 하루아침에 만들어지지 않는다 259

- ▶ **제6장 핵심 정리** 264
- ▶ **페이퍼 파워 트레이닝 4** : 페이퍼 파워 향상을 위한 세 가지 기본 준비 265

제7장_ 페이퍼 파워를 높이는 여섯 가지 습관

하나, 읽어라! : 남의 페이퍼를 읽지 않으면 쓸 수도 없다 271 | 둘, 수집하라! : 나만의 정보 DB를 만들어라 274 | 셋, 과감해져라! : 페이퍼에 대한 겁을 없애라 277 | 넷, 따라 써라! : 몸으로 글을 익혀라 282 | 다섯, 고쳐 써라! : 손볼수록 페이퍼는 좋아진다 284 | 여섯, 편집하라! : 좋은 형식은 내용을 돋보이게 한다 286

- ▶ **제7장 핵심 정리** 291
- ▶ **페이퍼 파워 트레이닝 5** : 페이퍼 파워, 이렇게 관리하고 발휘하라 293

PAPER POWER

| 제1부 |

페이퍼 파워란 무엇인가

제 1 장

쓰고 남기는 자가
역사이자 권력이다

줄리어스 시저의 페이퍼 파워

페이퍼 파워는 기원전으로 거슬러 올라가 로마 제국의 줄리어스 시저에게서도 찾아볼 수 있다. 시저가 가진 무기 중 가장 강력한 무기가 페이퍼 파워였기 때문이다. 서양 역사상 가장 강력한 지도자로 꼽히는 시저가 칼이 아닌 펜이 무기였다니 놀랍다고?

로마 제국 하면 우리에게 가장 먼저 떠오르는 것이 줄리어스 시저가 아닐까. 시저가 탁월한 지도자이기도 했지만, 그가 남긴 저서들 때문에 사람들은 로마 제국에 대한 반사적 연상으로 시저를 떠올리는 것이다. 시저가 갈리아를 평정한 이야기인 『갈리아 전기』와 로마 공화정 말기의 혼란을 극복하는 과정을 담은 『내란기』는 후세 역사학자들이 시저를 평가하고 로마 제국의 최고 영웅으로 인정하는 데 결정적인 역할을 했다.

그런데 실제로 시저가 두 권의 책을 쓴 이유는 후대를 위해 역사를 기록한 것이 아니라, 당대 로마의 시민들에게 자신의 능력과 업적을 알리고, 여론을 자신에게 유리한 방향으로 이끌기 위해서였다고 한다. 그는 『갈리아 전기』를 통해 로마 시민에게 자신의 능력과 업적을 알리고, 여론도 우호적으로 바꾸고, 상당한 자금도 끌어 모았던 것이다. 당시 책은 가장 강력한 미디어였고, 그 책 속에서 시저에게 유리하게 의도적으로 기술된 내용들은 로마 시민들에게 모두 진실로 받아들여졌다. 다시 말해 시저는 책이라는 도구를 활용한 페이퍼 파워를 이해했고, 그것을 효과적으로 활용했던 것이다.

만약 그에게 페이퍼 파워가 없었다면 그에 대한 후대의 평가는 어떻게 되었을까? 우리가 줄리어스 시저 중심의 로마를 알고 있는 것도 모두 그가 쓴 책이 주는 영향 때문이 아닐까? 매스 미디어가 없었던 그 시대에 로마 국민들은 로마 제국의 정치판이 돌아가는 상황은커녕, 시저가 무슨 일을 했고 어떤 사람인지조차도 제대로 몰랐을 것이다.

이렇게 책이라는 권위를 담은 페이퍼는 자신에게 유리한 소식을 공유하고 전파하는 데 아주 효과적인 도구로 작용한다. 시저가 책을 쓴 이유가 바로 그것일 것이다. 『갈리아 전기』가 없었더라도 시저는 당시의 로마 국민들의 전폭적인 지지를 받을 수 있었을까? 지지나 반대는 무언가를 알 때 할 수 있는 것이고, 모른다면 무관심할 수밖에 없다. 그런 점에서 시저에게는 정치력의 근원이자, 자신을 포장하여 유리한 여론을 만들어 내고 지지자들을 확대시키며 막대한 정치 자금까지 끌어 모을 수 있었던 힘이 도사리고 있었다. 바로 그 힘이 페이퍼 파워였던 것이다.

국회의원 열 명 중 네 명은 작가?

책은 가장 적극적인 형태의 페이퍼다. 보고서와 논문이 업무나 직업적 특성상 요구되는 것이라면, 책은 타인의 요구가 아닌 자신의 필요에 의해서 만드는 것이기 때문이다.

우리나라 국회의원 중 저서를 가지고 있는 사람의 비율을 살펴보면 무려 41%가 넘는다. 열 명 중 네 명이 책을 쓴 작가인 셈이다. '국회의원이 되려면 책부터 쓰라'고 해도 과언이 아닐 만큼의 비율이다.

국회의원은 정치인이기 이전에 한국 사회에서 가장 성공한 대표적 집단이라고 할 수 있다. 그래서 필자는 성공한 사람들과 페이퍼 파워의 연관성을 살펴보기 위해 국회의원들의 저서를 조사해 보았다. 국회의원은 업무 특성상 정책 보고서나 각종 정책 연구와 관련된 페이퍼를 만들어야 하고, 고학력자가 많기에 학위 논문이나 각종 연구 논문을 쓴 사람의 비중이 높다. 때문에 업무나 경력 특성에 밀접한 연관이 있는 보고서나 논문을 제외한 저서만을 대상으로 조사해 보기로 했다.

2009년 3월을 기준으로 보면, 대한민국 국회의원 299명 중 저서를 쓴 사람은 123명으로 41.1%에 이른다. 직업적으로 책을 써야 하는 작가나 책 쓰기가 상대적으로 보편화된 교수 집단을 제외하고, 작가가 차지하는 비율이 이것보다 큰 집단이 있을까? 이들 123명이 쓴 책은 394권으로 평균 3.2권에 해당되고, 이들 중 다섯 권 이상 쓴 사람의 비율은 23.6%(29명), 한 권만 쓴 사람은 36.6%(45명)다. 저서가 있는 국회의원 중 대부분은 홈페이지에 그에 관해 표기해 두었으며, 저서가 없는 국회의원의 경우에도 '저서/논문'(혹은 '논문 및 저서')이라는 제목 아래 논문이나 연구 보고서의 리스트만 나열하는 경우도 꽤 있었다. 그만큼 국회의원들은 저서가 가치나 기회 등의 면에서 유용한 도구임을 인식하고 있고, 41.1%의 국회의원이 페이퍼 파워를 적극적으로 활용하고 있다고 분석할 수 있다.

또 온라인 페이퍼에 해당되는 홈페이지나 블로그를 가진 국회의원은 299명 중 295명으로 98.7%에 달했다. 이들 중 거의 모두는 그 안에서 별도의 칼럼 공간을 마련하여 수시로 칼럼을 쓰거나, 자신이 쓴 신문이나 잡지의 기고문을 게재했다. 정기 혹은 비정기적으로 뉴스 레터를 발송하고 있는 곳도 상당수였다.

이처럼 대다수 국회의원들은 홈페이지와 뉴스 레터, 칼럼 등을 통한 온라인에서의 페이퍼 파워를 활용하고 있다. 기본적으로 국회의원 중 글쓰기를 두려워하는 사람은 없는 듯했고, 페이퍼 파워를 일정 수준 이상은 갖고 있었다고 할 수 있다.

글 쓰는 직업을 가지고 있다가 국회의원이 된 사람들도 꽤 많다. 소설가에서 국회의원이 된 김한길, 김홍신 등이 대표적이고, 기자였다가 국회의원이 된 사람들은 셀 수 없을 만큼 많다. 글 써서 대중적 인지도를 얻고 지지를 받은 사람들에게는 정치계의 문턱이 상대적으로 낮다 해도 과언은 아닌 것이다.

또한 정치인들은 선거법의 허점을 이용하기 위해 출판 기념회를 선거 홍보의 기회로 자주 활용한다. 아울러 정치인의 출판은 자신의 이력을 만들고, 지지자들과 후원자들과의 결속을 다지는 데 유리하다는 이유로 매우 활발히 이루어지고 있다. 방송과 인터넷이 중요한 미디어 기반이 된 요즘 시대에서도 힘의 근간은 결국 텍스트로 이뤄진 페이퍼임을 알 수 있다. 다시 말해 페이퍼 파워를 모르는 정치인에게는 한계가 있다. 정치인이 필요로 하는 대중의 폭넓은 지지는 결국 대중의 힘에서 나오는 것이고, 그 다수의 대중과 소통하기 위한 가장 강력한 도구가 바로 페이퍼이기 때문이다.

조선의 최고 정치인과
최다 저술가는 동일인?

다산 정약용은 레오나르도 다 빈치(Leonardo da Vinci)에 버금가는 팔방미인이자 한국의 대표적 르네상스 맨이다. 그는 실학을 집대성한 학자답게 정치, 경제, 역리, 지리, 문학, 철학, 의학, 교육학, 군사학, 자연과학 등 거의 모든 학문 분야에 걸쳐 무려 492권이라는 방대한 양의 저술을 남겼다. 49권도 아니고 492권이라니 눈을 의심하지 않을 수 없다. 이렇듯 정약용은 조선 시대 최고의 정치가이자 사상가이면서, 동시에 최다 저술가이기도 하다.

다산은 18년의 유배 기간 동안 많은 책을 썼는데, 저술 작업을 하며 그가 늘 품었던 말은 "한 사람만이라도 이 책의 값어치를 알아준다면 그것으로 족하다."였다고 한다. 492권의 책은 이렇게 하나하나 저술되었고, 그 가치는 조선 시대의 한 사람이 아닌, 현재까지의 수많은 사람들이 인정할 정도로 높다. 책이 가지는 힘은 이처럼 시대를 초월하기도 하고, 정치·경제·사회·문화 전반에 큰 영향을 미치기도 한다. 그런 점에서 정약용의 저술은 페이퍼 파워의 전형적인 영향력을 보여 준다 할 수 있다.

그의 대표적인 저서로는 지방 행정 가이드북이자 매뉴얼인 『목민심서』와 제도 개혁안인 『경세유표』 등이 있다. 정약용이 여러 영역에 걸쳐 저술한 다양한 저서는 지식과 정보의 정리와 분석, 그리고 편집 기술의 산물이다. 편집자로서 다산이 지닌 탁월한 자질은 수많은 정보에 대한 광범위한 수집과 다독, 정보의 분류 및 정리·관리 등의 기술에서 나온다. 왕성한 지적 의욕에 불타 모든 정보를 정리하고 편집한 그의 면모에서는 르네상스 맨의 기질을 엿볼 수 있다.

다산 정약용의 여러 위대한 업적 중 하나는 '실학의 집대성'이다. 17세기부터 싹텄던 실학의 문제의식은 18세기를 거치며 이익, 유형원 등의 성호학파와 북학파로 이어졌다. 정약용은 이익에서 유형원으로 이어지는 학통을 계승하며 탈주자학적 경학 체계를 세워 19세기 초 실학파의 철학적 입장을 확립했다. 그는 성호학파를 학문적 연원으로 하면서도 서학의 영향을 광범위하게 수용하였고, 청대의 고증학적 지식까지 받아들였다. 다양한 학문적 관점과 지식 정보, 현실의 상황 등을 통합적으로 접근한 셈이고, 이것이 실사구시(實事求是)의 태도로 이어져 학문과 현실의 간극을 좁혀 가며 실용적인 학문 체계의 수립을 가능케 했다. 만약 그의 실용적 외교나 신분 제도와 토지 제도·상공업 분야 등의 개혁, 서양의 과학 기술 수용 등이 보다 빨리 실현되었다면 조선의 역사는 달라졌을 것이다.

학문 수용에 있어 개방적이고 포용적이었던 다산은 청나라 서양의 과학 기술과 천주교 등에도 관심이 많았다. 그는 국가의 개혁과 실용주의를 지향했는데, 덕분에 18여 년의 유배 생활도 겪는 등 수많은 난관에 부딪히기도 했다. 그러나 다산 저술의 대부분이 그 시기에 쓰인 것을 생각해 보면 그의 유배가 역사적으로는 전화위복이 되었다 할 수 있다. 그리고 유배라는 최악의 상황에서도 최선이자 최고의 결과를 이끌어 낸 정약용의 힘은 바로 페이퍼 파워에서 비롯된 것이다.

그의 저술은 조선의 정치·사회·문화·경제에 고루 영향을 미치고 있고, 현재까지도 그 활용 가치가 높다. 만약 그가 책을 쓰지 않고 유배 생활을 했다면 어땠을까? 그랬다면 우리가 기억하고 있는 정약용은 물론, 실학 집대성이라는 그의 위대한 업적도 없었을 것이고 그에 대한 역사적 평가도 크게 달라졌을 것이다.

역사는 기록하는 자의 의도대로 기억된다

역사는 이긴 자의 기록이 페이퍼로 남겨진 것이다. 우리가 보는 역사는 이긴 자가 자신의 의도를 반영하여 남긴 기록이다. 그렇다면 우리가 알고 있는 역사는 정말 진실이고 사실일까?

E.H. 카(E. H. Carr)는 『역사란 무엇인가(What is History)』에서 "역사가는 자신의 해석에 맞는 사실을 취사선택해 역사를 써 내려간다."라고 했다. 실제로 우리가 허구라고 알고 있었던 것이 진실로, 진실이라고 알고 있었던 것이 허구로 밝혀질 때도 있다. 역사를 기록하는 자도 사람이기 때문에, 모종의 이해관계에 얽혀 있거나 어떤 관점과 이해를 가진 세력에게 지시를 받는 입장이라면 역사는 그 의도대로 기록될 수밖에 없다. 그러다 보니 역사에 대한 해석 역시 해석자 각각의 이해관계에 따라 이루어진다. 사람들이 '역사 바로잡

기' 혹은 '역사 바로보기' 등을 시도하여 좀 더 정확한 진실을 알아내려 하는 것은 이 때문이다. 이런 작업을 통해 역사 기록자의 편향된 의도가 재해석되기도 하지만, 여전히 역사의 대부분은 기록하는 자의 의도대로 남겨져 있다. 후대에서 역사를 바라보는 가장 중요한 기준은 바로 기록이기에, 문서로 기록되는 역사는 매우 강력한 힘과 영향력을 가진다. 기억은 순간이지만 기록은 영원하기 때문이다.

조선 시대의 역사적 기록으로 『조선왕조실록』이 있다면, 현재는 국회 속기록이 있다. 둘 다 당시의 정치적 상황을 가장 명확하게 알 수 있는 사료다. 『조선왕조실록』의 중립성 및 사실 그대로의 기록을 위해 당시 여러 시도와 제도적 장치가 만들어지기도 했지만, 실제로는 이해관계에 따라 왜곡되고 편향된 것도 많다. 절대적인 권력인 왕에게 반하는 역사가 기록되기란 쉽지 않았을 것이다. 이는 국회 속기록도 마찬가지여서, 정치적 이해관계나 기록으로 남겨지는 것에 대한 우려에 의해 삭제되는 발언도 꽤 있었다.

박정희의 3선 개헌 후 속기록 삭제는 본격화됐고, 2003년에 국회법에 삭제 금지 조항이 신설되기 전까지 지속됐다. 유신 치하 9대 국회에서 사라진 대표적인 기록은 김대중 납치 사건 관련, 박정희 정권에 대한 비판, 긴급 조치 철폐와 개헌 요구 등이었고 총 106건이 삭제됐다. 또한 전두환이 집권한 11대 국회 당시 가장 많은 150건이 삭제됐으며, 12대 국회에서는 광주 민주화 관련 발언이 삭제 대상이었다. 국회의원들의 증언에 따르면 속기록 삭제는 중앙정보부와 안기부가 사실상 주도했다고 한다.

(문주영, '유신·5공(共)때 국회 속기록 대량 삭제',
「경향신문」, 2008.7.16.)

같은 역사적 사실에서도 전혀 다른 관점의 근현대사 교과서를 펴낸 진보 진영과 보수 진영의 사례를 보더라도 역사는 사실일지는 몰라도 진실은 아닐 가능성이 있음을 알 수 있다. 누구나 권력을 잡으면 자신에게 유리한 해석을 확산시키고자 애쓰는 것은 인지상정이기도 하다. 분명 과거의 역사가 바뀌진 않을 것인데, 정권이 바뀌면 역사책이 바뀐다는 것에서 '역사는 이긴 자들에 의해 만들어진다'는 것을 다시금 확인할 수 있다.

페이퍼 파워를 가진 경영 리더 :
스티브 잡스, 빌 게이츠 그리고 안철수

스티브 잡스와 빌 게이츠 그리고 안철수. 이들 세 명의 공통점으로 제일 먼저 떠오르는 것은 무엇일까? 일단 '성공한 벤처 기업가'라는 답이 있을 수 있겠다. 물론 현재 애플이나 MS는 세계 굴지의 큰 기업이 되었고 안철수는 KAIST 석좌 교수로 변신해 있지만, 벤처 기업가들에게 있어 이들 세 명은 여전히 선망의 대상이자 도전의 대상이고, 경영계에선 앞서 가는 리더이자 혁신가로 새로운 트렌드를 이끌어 내는 경영 구루들임에 틀림없다.

국내 CEO들이 가장 닮고 싶은 경영자, 즉 CEO들이 롤 모델로 삼고 있는 대표적인 경영자라는 것도 이들의 또 다른 공통점이다. 동시에 이들은 그런 경영자 중 가장 젊은 사람들이기도 하다. 이것은 「이코노믹리뷰」가 2008년 4월 29일부터 5월 7일까지 1주일간 국내 기업의 CEO 81명을 대상으로 그들의 라이프스타일과 경영관에 대해 실시한 설문 조사를 참고한 것이다.

이 조사에서 '가장 닮고 싶은 국내 기업의 CEO'를 묻는 질문에는 응답자의 35%가 삼성그룹 이건희 전 회장을 꼽았다. 그 다음으로 안철수연구소의 안철수 전 이사회 의장(17%), 고 정주영 현대그룹 명예 회장(13%), 윤윤수 휠라 코리아 회장(6.1%) 등이 꼽혔다. 한편 가장 닮고 싶은 외국 기업 CEO로는 응답자 19.7%의 지지를 받은 빌 게이츠 MS 회장이 잭 웰치 전 GE 회장(18.5%)을 간발의 차로 제치고 뽑혔다. 그 뒤를 버크셔 해서웨이(Berkshire Hathaway Inc.) 회장인 워런 버핏과 애플의 회장인 스티브 잡스 등이 따랐다.

안철수와 빌 게이츠, 스티브 잡스는 이처럼 성공한 리더를 얘기할 때 가장 많이 언급되는 사람들이기도 하다. 시대를 앞서 가고 주도해 가는 혁신적인 기업을 만들어 놓은 경영 리더임과 동시에 사람들의 존경과 인기를 한 몸에 받게 한 그 힘은 무엇일까? 사실 이들이 일반인들에게 폭넓은 인기와 지지를 받는 이유는 경영 능력보다도 페이퍼 파워 때문이라 할 수 있다. 이들 세 명은 평소 글을 쓰고 말하는 것에도 능하다는 것, 즉 베스트셀러 저자거나 최고의 연사라는 공통점을 가진다.

스티브 잡스는 프레젠테이션(PT)의 귀재라 불린다. 그의 PT 영상은 PT를 잘하고자 하는 전 세계 모든 사람들의 학습 대상이 될 정도로 인기다. '스티브 잡스처럼 PT하는 법'을 다룬 책도 무수히 많다.

스티브 잡스가 직접 책을 쓰진 않았지만 그의 말이나 글을 다룬 책도 많고, 자서전은 아니지만 남들이 그에 대해 쓴 책도 많다. 이처럼 그는 출판계에서 아주 매력적인 브랜드임과 동시에, 그의 연설문과 PT 슬라이드는 매우 영향력 있는 페이퍼다.

빌 게이츠는 세계적인 베스트셀러가 된 『빌 게이츠@생각의 속도』 『미래로 가는 길』 등을 썼다. 연설 및 매체에 쓰는 칼럼에서도 그의 영향력은 매우 크다.

이들 세 명 중 가장 많은 저서를 낸 안철수는 경영자 자리에서 물러난 지금도 가장 인기 높은 한국의 CEO 중 하나다. 그는 1980년대부터 컴퓨터 잡지에 글을 쓰기 시작, 컴퓨터 서적부터 경영 에세이에 이르기까지 10여 권의 책을 냈는데, 대표작인 『영혼이 있는 승부』와 『지금 우리에게 필요한 것은』 등은 베스트셀러가 되었다. 또한 그는 수많은 강연을 했고, 언론 매체에도 수시로 글을 기고했다.

도대체 그렇게 바쁜 CEO 안철수가 왜 책을, 그것도 열 권 가까이 될 정도로 많이 썼을까? 그는 2004년 12월 칼럼집 『지금 우리에게 필요한 것은』을 출간하고 가진 인터뷰에서 자신이 책을 쓰는 세 가지 이유를 밝힌 바 있는데, 그것의 인용을 답으로 대신해 본다.

> 안 사장이 바쁜 일상을 쪼개 틈틈이 글을 쓰는 첫 번째 이유는 '자신을 위해서'다. 일을 하면서 고민했던 부분들과 책을 보면서 현실과의 접목을 통해 나름대로 깨달았던 부분을 정리할 필요 때문이라는 것이

다. "생각들이 정리가 되지 않으면 새로운 것을 배울 여력이 없어지기 때문에 발전이 없습니다. 공부하는 학생이 고민과 사색의 결과를 글로 정리하는 것처럼 내가 글을 쓰는 것은 배움의 한 과정입니다."

두 번째 이유는 '업계를 위해서'다. 창업을 준비하는 사람들이나 벤처 기업 경영자들이 안 사장이 겪었던 시행착오를 반복하지 않게 자신의 경험과 생각을 기록으로 남긴다는 것. "벤처업계 경영자들과 조직원들이 시행착오를 줄여 개별 기업뿐 아니라 국가적으로도 이익이 된다면 내 경험과 생각을 기록으로 남기는 일은 충분히 가치 있는 일이 될 수 있으리라 생각합니다."

마지막 이유는 '우리 모두를 위해서'다. 나름대로 고민했던 내용들을 가능한 많은 사람과 공유하면서 우리 사회가 조금 더 좋은 방향으로 나아가는 데 보탬이 됐으면 하는 바람에서 글을 쓴다는 것이다. 때문에 안 사장은 빌 게이츠도 성공을 장담하기 힘든 국내 소프트웨어 산업의 구조적 문제, 인터넷 강국이라는 허상 속에 가려진 정보보안 의식 부재와 핵심 부품의 해외 의존도 심화 등 부끄러운 내용이라도 국민들에게 알리는 것이 가치 있다고 말한다.

(이승훈, '책벌레 안철수 사장이 책을 쓰는 3가지 이유',
「오마이뉴스」, 2004.12.10.)

자신을 위해서, 업계를 위해서, 그리고 모두를 위해서 책을 썼다는 것이다. 이 세 가지 이유가 모두 매우 매력적이다. 실제로 책을 쓰는 대부분의 사람들이 자신과 남(모두)을 위해서 글을 쓴다는 공통점이 있다. 책은 정리의 결과물이자 공유의 대상이기 때문이다.

메모광으로도 유명한 안철수는 "메모한 것을 모았더니 책이 되더라."라는 말로도 유명하다. 평소 독서를 많이 하는데 책을 읽다가 떠오른 생각은 반드시 메모를 하는 습관이 있으며 CEO로 근무할 당시 이런 메모들을 정리해 회사 홈페이지에 글을 올리고 매달 전 직원들에게 이메일을 보내곤 했다. 그에게 있어 글 쓰고 책 쓰는 일은 경영과 무관하지 않은 것이다. 직원들에게 보내는 이메일은 조직의 융합과 회사에 대한 애정을 공고히 했고, 그것은 동시에 그가 가진 한 정신을 사람들과 공유하기에 유용했다. 안철수가 평범한 경영자가 아닌, 직원들에게 존경받는 경영자 중 한 명으로 꼽히는 이유가 바로 페이퍼 파워에서 비롯되었다고 해도 과언은 아닌 것이다.

안철수뿐 아니라 빌 게이츠도 독서광으로도 유명하다. 많이 읽고 많이 쓰는 셈이다. 결론적으로, 가장 주목받는 IT 분야 리더이자 경영계 구루이며, 존경받는 CEO인 이들 세 명은 모두 페이퍼 파워가 강한 사람들임을 알 수 있다.

CEO의 글쓰기와 경영 성과의 관계는?

사실 CEO에게 있어 필요한 글은 잘 쓴 글이 아니라 '과감하고 적절하게 쓴 글'이다. CEO는 문학가나 문장 전문가가 아니므로 글의 형식이나 표현 방식보다는 글의 내용 자체가 중요한 것이다. CEO의 비전이나 의지, 경영 전략 등을 대내외로 유포하고 확산하는 것은 바로 그것을 잘 정리한 글이다. 그러니 매력적인 내용을 정확하게 전달하는 것이 핵심이다. 내용이 부실하면 아무리 우수한 문장력으로 덧칠해 봐야 소용없다.

한국의 대표적인 글 쓰는 CEO로는 안철수, 심영섭(우림건설 사장), 유상옥(코리아나 회장), 김상우(오리온 대표 이사) 등이 있다. 이들의 공통점은 꾸준히 글을 쓴다는 점이다. 어떤 대단한 작품을 남기려고 쓰는 글이 아니라, 조직 구성원의 융합이나 자신의 경영 성과를 위해서 쓰는 글이기 때문에 꾸준하게 많이 쓸 수 있는 것이다.

놀라운 점은 글 잘 쓰는 CEO가 경영하는 회사일수록 실적도 좋다는 것이다. 결국 CEO의 글은 경영의 도구임과 동시에 조직을 결합시키는 도구로도 활용된다는 증거인 셈이다. CEO의 글쓰기 능력과 경영 능력의 비례 관계를 언급한 기사를 인용해 본다.

> 글 잘 쓰는 CEO들의 공통점은 무엇보다 회사 실적이 탁월하다는 점이다. 일례로 우림건설의 경우 2005년 시공 능력 평가에서 36위를 차지해 2004년에 비해 52계단이나 뛰어올랐고 매출 역시 전년에 비해 23%나 증가했다. CEO의 글쓰기 능력은 경영 능력과 비례하는 셈이다.
>
> (이형구, '모닝 커피와 함께 읽는 사장의 편지가 기업 키웠다',
> 「이코노믹리뷰」, 2006.3.6.)

독서에 가장 열심인 직급이 CEO이며, 공부에 가장 열심인 직급도 CEO라고 말하면 믿겠는가? 독서 경영을 주창하며 자신이 먼저 읽고 직원들에게 책을 나눠 준다거나, 매주 한 권씩 정해진 책을 함께 읽고 토론하는 문화를 만들어 가는 CEO들은 생각보다 꽤 많다. 기업의 규모가 크고 작음과 관계없이 독서와 자기 계발을 경영에 연결시키는 시도는 많고, 그런 기업들일수록 직원들의 만족도나 기업의 실적이 상대적으로 우수하다. 책과 신문, 각종 저널과 인터넷에서 검색한 정보를 다양하게 활용하는 CEO들이 많다. 그들에게 정보는 곧 경영의 기회이자 경쟁력이기 때문이다.

CEO들이 참여하는 조찬 모임도 많다. 아침부터 모여서 각 분야의 전문가나 저명인사들의 강연을 듣고 새로운 정보도 나누며 공부를 한다. CEO들이 참여하는 조찬 모임 중 30년 넘게 이어 온 것으로는 한국능률협회의 월례 조찬 연수회와 인간개발연구원의 목요 조찬회가 있다. 이밖에도 많은 조찬 모임이 있는데, 최근에는 그 범위가 CEO에만 국한되지 않고 점차 넓어지고 있다. 앞서 가는 사람들이라면 한두 개 정도의 조찬 연수에 참석하는 것은 기본인 시대가 되고 있는 것이다.

공부는 아침에만 하는 것이 아니다. 특수 대학원이나 최고 경영자 과정에 있는 CEO들도 무수히 많다. 선진 경영 현장을 찾기 위해 미국이나 유럽으로 떠나는 해외 연수도 활발하게 이뤄진다.

CEO들은 이렇게 책만 읽고 공부만 하는 것이 아니라 수많은 글도 쓰고 강연도 한다. 대학 강단이나 각종 모임에 강사로 초청되는 경우가 많기 때문이다. 사내 사보나 홈페이지를 비롯, 많은 매체에서 인터뷰 및 원고 청탁을 받기도 한다. CEO들이 책을 읽거나 공부하는 데 열심인 이유가 결과론적으로는 글을 잘 쓰거나 강의를 잘 하기 위한 것이라 해도 과언은 아닐 것이다. 이처럼 CEO의 대내외 활동에서 가장 큰 비중을 차지하는 것은 글과 말, 즉 페이퍼에 기반을 두고 이루어지는 일이다. 곧 CEO의 브랜드 가치와 경영 성과 등을 이끌어 내는 원동력의 핵심에는 페이퍼 파워가 있는 셈이다.

이를 반대로 말하면 '페이퍼 파워를 모르는 CEO에게는 한계가 있다'고도 할 수 있다. 글 쓰는 CEO의 경영 성과가 우수하다면 그와 반대되는 CEO의 경영 성과는 상대적으로 덜 우수할 수밖에 없기 때문이다. 그런 점에서 CEO에게 있어 글을 쓴다는 것은 선택이 아니라 필수다. 그런 점에서 아래의 조사 결과는 안타깝기 그지없다. CEO 중 13%만이 페이퍼 파워를 자신의 가치도 높이고 회사 실적도 높이는 데 쓰고 있는 것이니 말이다.

> 한 경영 전문 월간지가 매출액 기준 국내 100대 기업 CEO들을 대상으로 한 조사 결과에 따르면 100대 기업 CEO들 중에서 단 13%만이 언론이나 사보, 인터넷 홈페이지 등의 매체에 글을 써 본 경험이 있다고 응답했다. 이 같은 조사 결과가 말해 주는 것은 국내 기업의 CEO들이 보고서 외에 다른 사람과 생각을 공유할 수 있는 글을 거의 쓰지 않고 있다는 것이다. 그러나 이처럼 대부분의 CEO들이 글쓰기를 등한시하는 현실 속에서도 일부 CEO들은 글쓰기를 통해 직원들과 커뮤니케이션을 하고 생각을 공유하는 데 적극적이다. 그리고 이들 '글 잘 쓰는 CEO'들이 거둔 탁월한 경영 실적이야말로 커뮤니케이션 수단으로서 글쓰기가 갖고 있는 효용을 반증하고 있다.
>
> (이형구, 같은 글)

CEO의 페이퍼 파워는 기업의 실적도 높이지만 시장을 바꾸는 힘을 발휘하기도 한다. 대표적인 사례가 바로 '황(黃)의 법칙'을 만든 황창규 삼성전자 사장이다. '황의 법칙'은 그가 지난 2002년 2월 세계 반도체 업계에서 가장 권위 있는 학회인 국제고체회로소자회의(International Solid-State Circuits Conference, ISSCC)의 개막 기조연설에서 주창한 메모리 신(新)성장론이다.

그전까지 약 40년 동안 반도체 시장을 지배했던 것은 인텔의 공동 창업자인 고든 무어가 제시했던 '무어의 법칙'이었다. 그는 지난 1965년 페어차일드 세미컨덕트 사의 수석 엔지니어로 일하던 시절 '무어의 법칙'을 내놓으며 '반도체 칩 하나에 집적할 수 있는 트랜지스터 수는 1.5년에 두 배로 늘어난다'고 주장했다. 그러나 황창규 사장은 '황의 법칙'을 통해 '각종 디지털 기기의 반도체 수요 증가에 힘입어, 칩 하나에 집적 가능한 트랜지스터의 수는 1년에 두 배씩 늘어난다'는 주장을 폈다.

이것에 그치지 않고 그는 1999년에 256메가바이트 낸드 플래시(Nand Flash) 메모리를 개발한 데 이어 2000년 512메가바이트, 2001년에는 1기가바이트, 2002년에는 2기가바이트 등을 거쳐 2007년에는 64기가바이트 메모리를 선보이며 자신의 이론을 실증했다. 황창규 사장은 '황의 법칙' 덕분에 국제전기전자기술자협회(Institute of Electrical and Electronics Engineers, IEEE)에서 주는 반도체 엔지니어로서의 최고의 영예인 '명인(Fellow)' 칭호를 수여받았다.

반도체 시장의 성장 속도는 황창규 사장 덕분에 달라졌고, 그래서 삼성전자는 세계 최고의 반도체 기업이 되었다고 해도 과언이 아니다. 그가 '황의 법칙'을 발표하지 않았다면 반도체 시장은 여전히 1965년부터 통용되던 무어의 법칙에 따라 성장해 갔을지도 모른다. 그만큼 페이퍼로 발표되고 공유된 것은 종이 위에만 머무르지 않고 현실에서도 강력한 힘을 발휘한다.

황창규 사장은 뛰어난 과학자이자 경영자임과 동시에 페이퍼 파워를 가진 인물이다. 아무리 대단한 것을 발견했어도 그것을 이론이나 법칙으로 정리해서 발표하지 않는다면 자신의 업적이 되지 못하기 때문이다. 칩 하나에 담는 트랜지스터의 수가 1년에 두 배씩 성장할 것이라는 이론은 다른 트랜지스터 반도체 기업의 개발자나 경영자도 생각해 낼 수 있었을 것이다. 만일 다른 누군가가 황창규 사장보다 먼저 자신의 이름을 딴 법칙으로 만들어 그것을 발표했다면, 세계 반도체 시장에서 삼성전자의 입지나 황창규 사장의 입지는 달라졌을지도 모른다. 결국 CEO의 효과적인 페이퍼 하나는 새로운 비즈니스의 기회와 권력을 가져다 줄 수 있는 것이다.

하버드대 졸업생들에게 성공의 비밀을 물었더니

성공한 사람들 중에는 세계 최고의 명문대를 졸업한 사람들이 많다. 사실 명문대를 나왔다는 것 자체가 성공을 보장하는 것은 아니다. 다만 성공에 유리한 조건을 추가하는 것뿐이다. 그렇다면 과연 이들 스스로가 꼽는 성공 요인은 무엇인지 궁금하지 않을 수 없다. 성공의 비밀을 안다는 것은 상당히 매력적인 일이기 때문이다. 이와 관련하여 한 흥미로운 조사 결과를 다룬 신문 기사를 인용해 본다.

오래전 세계적인 리더를 많이 배출한 것으로 유명한 하버드대학교에서 재미있는 설문 조사를 했다고 한다. 하버드 졸업생 중 사회적인 리더로 활동하는 인사들에게 성공의 가장 큰 요인을 물어본 결과 가장 많은 대답이 나온 것은 다름 아닌 '글 쓰는 능력'이었다. 그래서 인지 하버드를 비롯해 MIT, 스탠포드 등 대부분의 미국 명문대학에서는 학생들에게 글쓰기 수업을 필수적으로 이수하도록 하고 있다. 논문이나 보고서를 쓰다 막히는 학생들이 즉시 상담을 받을 수 있도록 라이팅 센터를 따로 마련해 두고 있는 건 당연하다. 리더가 되기 위해서는 '글 쓰는 능력이 가장 중요하다'는 생각이 뿌리 깊이 박혀 있는 것이다.

(이정훈, '新 신언서판 / 書', 「머니투데이」, 2008.10.14.)

위의 내용을 보면 '글 쓰는 능력' 즉, 페이퍼 파워가 성공한 이들이 꼽는 최고의 성공 비밀이었음을 알 수 있다. 물론 사회적 리더라면 아무래도 글 쓸 기회가 많고 또 글 쓰는 일이 필요하니, '사회적 리더가 된 하버드대학 졸업생'에 대한 조사 결과는 사회적 리더라는 특수 계층들에게나 해당되는 성공 요인일 것이라고 생각하는 사람도 있을 것이다.

그래서 또 다른 조사 결과를 제시한다. 이번엔 사회적 리더와는 연관성이 좀 먼 엔지니어에 대한 설문이다. 여기서도 비슷한 결론이 나온다면 글쓰기 능력이자 페이퍼 파워는 성공을 바라는 모든 분야 사람들에게 필요하다고 할 수도 있을 테니 말이다.

미 공학교육학회(American Society for Engineering Education)의 조사 결과에 따르면, 성공한 엔지니어 245명에게 '본인의 업무에서 기술 문서와 효과적인 문장력이 어느 정도 중요한가'에 대해 질문을 했더니 45%가 '필수적', 50%가 '매우 중요함', 4%가 '조금 중요함'으로 응답했다. 조사자의 99%가 엔지니어의 업무에서도 페이퍼의 중요성을 인정하고 있었던 것이다.

같은 대상에게 '부하 직원의 문장력을 진급 심사 시에 어느 정도 고려하는가'를 물었더니 '필수적으로 고려한다'는 응답이 25%, '많이 고려한다'는 응답이 63%, '조금 고려한다'는 응답이 10%였다. 무려 98%가 부하 직원의 진급 심사에서 문장력을 고려하고 있다는 것이니, 글쓰기가 엔지니어의 성공 요인 중 중요 요소라는 데는 의심의 여지가 없다. "엔지니어가 기술 개발만 잘하면 되지, 문서 작성도 잘해야 한다는 것이냐."라고 의아해하는 사람이 있다면 그것은 페이퍼 파워가 가지는 엄청난 영향력을 모르기 때문이다.

글쓰기 능력은 전방위적으로 필요하다. 어떤 과정에서든 페이퍼가 기회와 평가의 기준에 포함되기 때문이다. 대학에 진학할 때는 자기 소개서나 학업 계획서, 논술 시험을 준비해야 하고, 해외 유학은 물론 국내 로스쿨에 가려 해도 에세이를 준비해야 한다. 시험 점수만으로 진학하던 사람들에게 에세이를 쓴다는 것이 결코 쉬운 일은 아니다. 에세이는 당락을 좌우할 수도 있을 만큼 중요한 데다, 좋은 평가를 받기 위해서는 천편일률적인 내용이나 구성을 가져서도 안 된다. 에세이를 준비하는 사람들에게는 그 시기가 글쓰기의 중요성을 느끼는 때임과 동시에, '평소 글쓰기에 왜 이리 소홀했을까.' 하며 후회하는 때이기도 할 것이다.

취업할 때도 자기 소개서가 필요하다. 이직을 위해 가고자 하는 회사에 대한 분석 보고서나 신규 사업 제안서를 준비하는 사람도 종종 눈에 띈다. 회사 내에서도 보고서를 잘 쓰거나 회사를 위한 좋은 아이디어를 많이 제안하는 사람에게는 인사 고과에서 좋은 평가가 따른다.

비즈니스는 문서로 시작해서 문서로 끝난다. 정치도 그렇고, 행정도 마찬가지다. 법정에서도 문서가 모든 걸 판단하고 결정한다. 뉴스 프로그램에서도 글이 없으면 앵커가 존재할 수 없다. 앵커의 말은 쓰인 글에 기반을 두기 때문이다. 만약 사회적인 글쓰기가 부실하면 신문은 물론 방송, 사업뿐 아니라 재판과 행정까지 부실해질 수 있다. 이것은 절대 비약이나 과장이 아니다.

최근 미국 명문대는 물론 국내의 주요 대학에서도 글쓰기에 대한 관심이 점점 높아지고 있다. 비즈니스 라이팅을 비롯해 글쓰기나 책 쓰기에 대한 책도 많이 출간되었고, 관련 강좌도 많이 개설되고 있다. 기업에서 직원들을 위한 교육 연수 프로그램에도 글쓰기가 포함되고 있는 추세다. 사회적 성공을 원하는 이들에게 글쓰기 능력은 향후 점점 더 필수적으로 갖춰야 할 요소가 될 것이다.

리더가 되려면
페이퍼 파워부터 길러라

'호랑이는 죽어서 가죽을 남기고, 사람은 죽어서 이름을 남긴다.'라는 속담에도 나와 있듯이, 이미 우리 조상들은 예부터 사람의 이름이 가지는 가치의 중요성을 인식하고 있었다. 이름을 남기는 가장 좋은 방법은 기록, 즉 페이퍼로 남기는 것이다. 책이나 논문 등을 통해 자신의 이름을 널리 알리고, 시대를 지나서도 오랜 시간 동안 남길 수 있기 때문이다.

공병호경영연구소의 공병호 소장은 그의 책 『핵심만 골라 읽는 실용독서의 기술』에서 "앞으로 개인의 브랜드가 점점 중요해지면 자신의 이름으로 자신의 경험을 포장하여 책을 내는 것처럼 효과 있는 일도 드물 것이다."라고 말했다. 스스로가 브랜드가 될 때 가질 수 있는 가장 강력한 콘텐츠는 바로 자신의 전문성이자 경험이라는 말이다.

현대는 개인 브랜드가 곧 자본인 시대이고, 따라서 이름은 개인이 내세울 가장 대표적인 브랜드가 된다. 우리는 말 그대로 '이름값 하는' 시대를 살고 있는 것이다. 그렇다면 과연 여러분의 이름값은 얼마인가? 그리고 앞으로 자신의 이름을 얼마짜리 이름으로 만들어 나갈 것인가?

이름값은 개개인마다 서로 다르다. 똑같이 하루만 일해도 누구는 억대를 받고, 누구는 단돈 5만 원에 그칠 수 있다. 같은 그림이라도 누가 그린 것이냐에 따라 수만 원부터 수백억 원까지 값어치가 달라진다. 화가의 이름은 그림의 객관적인 가치를 가늠할 때 큰 비중을 차지하기 때문이다. 마찬가지로 동일한 사업 계획이라도 어떤 CEO가 추진하느냐에 따라서 투자 유치의 가부가 결정되고, CEO의 이름에 따라 기업의 주가가 오르내리는 경우도 많다. 이렇듯 이미 개인의 이름값이 주요한 가치 척도가 되는 시대에서 그것을 제대로 알고 관리하는 사람과 그렇지 못한 사람은 큰 차이를 가지게 된다. 이름값이 곧 경제이자 기회가 되는 것이다.

개인 브랜드 관리를 위해서는 가급적 불필요한 적을 만들지 말아야 한다. 한 명의 적은 아군 여덟 명만큼의 소문을 낼 수 있기 때문이다. 다시 말해 여덟 명에게 쌓은 호감이 한 명 때문에 물거품으로 돌아갈 수도 있음을 명심하면서, 이름을 내건 일에 대해서는 반드시 책임을 지는 자세를 가져야 한다. 또한 가장 효과적인 개인 브랜드 관리 도구인 매스컴에 자신을 노출시키는 등 좋은 이미지 부각을 위한 노력들은 필수적이다. 자신의 전문 분야를 만들기 위한 학업과 직업을 계획하는 것도 개인 브랜드 관리의 일환이다. 아울러 책을 쓰는 등의 대외 활동도 모두 이에 해당된다. 이 중에서도 책이 가장 좋은 무기임은 말할 필요가 없다.

다시 한 번 강조하지만, 조직의 시대에서 개인의 시대로 변화하는 21세기에 각 개인의 이름은 곧 최고의 브랜드가 된다. 조직에 기대서 평생직장을 꿈꾸는 사람들은 상당히 줄어드는 데 반해, 자신의 능력과 가치를 인정해 주는 곳으로 이동하려는 사람들의 수는 늘어나고 있다. 프리 에이전트나 1인 기업가의 등장 또한 더욱 가속화되고 있다. 이럴 때일수록 개인의 브랜드 가치는 더욱더 중요해진다. 이것이 바로 기업가나 정치가 등의 명사뿐 아니라 사회생활을 하는 모든 이들이 자신의 브랜드 가치를 향상시키기 위해 더욱 노력해야 하는 이유다.

제 2 장

페이퍼 파워에
목숨 거는 사람들

'증권가 찌라시'는 왜 사라지지 않을까?

속칭 '증권가 찌라시'는 도대체 왜 사람들에게 먹히는 것일까? 말도 안 되는 이야기인데도 '찌라시'라는 페이퍼의 형태로 나오면 왜 대중은 솔깃해하고 그 얘기를 퍼뜨릴까? 이 역시 결국 페이퍼의 힘이다. 떠돌아다니는 모호한 말들이 '찌라시'라는 페이퍼의 형태로 만들어지고, 이것이 다시 페이퍼 파워를 달고 확산되어 진짜처럼 사람들의 눈과 귀를 속이고 다니는 것이다.

'증권가 찌라시'의 역사는 30년이 훨씬 넘었다. 1970년대 대기업 고위 간부들이 정부 관료들과 접촉한 뒤 그 내용을 정리한 것이 시초라고 할 수 있는데, 처음에는 단순한 소식지 수준이었던 '찌라시'는 1980년대 언론 통폐합을 비롯한 언론 통제가 심하던 시절에 빛을 발하게 된다. 기존 언론에 대한 불신이 만들어 낸 대안 언론으로서의 성격도 가졌다. 막힌 언로(言路)를 대신할 새로운 언로를 찾아내는 과정에서 '찌라시'가 활성화된 것이다.

아울러 기자들의 취재 뒷이야기를 비롯한 떠도는 정보들이 기업의 필요에 의해 편집, 해석되면서 '증권가 찌라시' 시장이 형성되었다. 특히 1980년대 증권 열풍이 불자 각 증권사마다 정보를 수집·분석하는 조직이 만들어지며 이 시장은 확대되었다. 지금도 주요 기업마다 정보 수집을 담당하는 직원들이 있을 정도이고, 국가정보원에 버금가는 정보 수집력을 가진 대기업도 있다고 한다. 1990년대 접어들면서 정치권 얘기도 '증권사 찌라시'에 본격적으로 등장하였고, 여의도는 증권과 정치의 중심이자 '찌라시'의 거점으로도 자리 잡았다. 인터넷이 대중화된 2000년대부터는 '찌라시'가 종이에서 벗어나 이메일과 메신저 등의 온라인 커뮤니케이션 도구를 통해서 유통되기 시작하면서 파급 효과도 더 커졌다.

우리는 종이 위에 인쇄된 글이 가지는 권위에 쉽게 눌린다. 그리고 은밀하고 비밀스러운 정보에 대한 욕망도 쉽게 뿌리치지 못한다. '찌라시'는 그런 욕망을 채워 주기 위해 존재한다. 기업과 기관 등의 필요에 의한 사설 정보 모임들이 수없이 생겨나고, 그 내용을 수집해 '찌라시'로 만들어 내는 곳도 무수히 등장했다. 다음에 '찌라시'에서 정보를 수집하는 과정을 담은 기사를 하나 인용한다. 도대체 누구에 의해, 어떤 과정을 통해 은밀한 정보나 소문들이 모이는지를 살펴볼 수 있을 것이다.

서울 여의도 A 단란 주점의 3호실. 정장 차림의 신사들이 하나둘 들어온다. 손에는 조그만 서류 가방이 하나씩 들려 있다. 소위 '선수'들이다. 커피를 시켜 놓고 소란스럽게 인사를 주고받더니 누군가 "이제 시작하시죠!"라고 말하자 금세 긴장감이 감돈다. 그룹사 B차장부터 한 명씩 발제한다. "이번 국감에서 모 그룹 회장이 참고인으로 불려 나올 뻔했다가 가까스로 막았다"는 등 정치권 뒷이야기부터 기업 동향 등 언론에서 나오지 않은 얘기들이 오간다. 한 정보 모임의 장면이다. 이날 모임에는 기업체 정보 담당 직원 2명, 국회의원 보좌관과 기자, 증권사 직원이 1명씩 나왔다. 제각기 4~5건씩 정보 보따리를 풀어놓으며 철저하게 '주고받는' 식으로 진행됐다. 이렇게 수집된 정보들은 각자 소속된 기관의 최고위층에 '직보' 형태로 전달된다.

(조진형, '찌라시 '필요악' 인가, 치열한 정보 전쟁이 만든 두 얼굴의 X파일', 「한국경제신문」, 2008.10.15.)

일명 '카더라 통신'으로도 불리는 '찌라시'에는 각종 추측과 낭설이 난무한다. 하지만 '찌라시'가 백해무익은 아니다. 근거 없는 루머만이 가득했다면 '찌라시'는 자연히 사라졌겠으나, 중요한 정보나 특종이 될 만한 것들을 많이 담고 있기에 '찌라시'는 여전히 존재한다. 실제로 과거 한보철강을 비롯한 주요 기업이 부도나기 전에 그 소식을 먼저 다룬 것도 '찌라시'였고, 김영삼 전 대통령의 아들 김현철 씨의 국정 개입 사건도 '찌라시'에서 먼저 등장했다. 이런 전례들 때문에 누군가에게는 정보의 창구가 되고, 또 다른 누군가에게는 돈벌이 수단이 되는 '찌라시'에 대한 유혹은 사라지지 않고 있는 것이다.

'찌라시'로 돈을 버는 업자의 입장이 되어 보자. 보다 은밀하고 자극적인 정보여야만 '찌라시'의 상품성이 높아진다. 비싼 돈을 내는 구독자를 계속 유치하려면 '찌라시' 업자는 보다 은밀하고 자극적인 정보를 만들어 낼 수밖에 없다. '찌라시'에 터무니없는 소문들까지 걸러지지 않고 담기는 이유가 바로 이것이다. 설령 설득력이 없고 검증되지 않아도 그것이 페이퍼에 옮겨지면 신뢰 아닌 신뢰를 얻기 때문에, 루머는 또 다른 루머로 확대·재생산되며 거침없이 커져 간다. 누군가의 농담으로 시작된 말이 엄청난 피해와 물의를 일으키는 것, 그것이 바로 '찌라시'의 생리인 것이다.

> 일부 언론사가 '경영 보고서' 같은 형태로 고급 정보지를 만드는 경우도 있다. 한 일간지는 기자들의 고급 정보를 추려내 'CEO 리포트'라는 이름으로 기업체 등에 수년째 판매하고 있다. 매주 또는 격주에 한 번씩 나오는 사설 정보지의 1년 구독료는 보통 300~600만 원. 그런데도 독자층은 매우 두텁다. 한 코스닥 상장사 CEO는 "골프장 모임이나 술자리에 가서 정보지에 나오는 얘기를 모르고 있으면 대화에 낄 수 없을 때가 있다"고 말했다.
>
> (조진형, 같은 글)

사회적으로 굵직한 어떤 이슈가 생기면 그에 얽힌 추측과 풍문들이 '찌라시'에 속속 모여든다. 일종의 사회적 관음증의 창구인 것처럼 말이다. 그러다 보니 확인·검증되지 않은 채 '찌라시'에 등장한 정보들 때문에 피해를 보는 사람들도 많다. 연예인의 사생활부터 정치권의 숨은 이야기, 기업의 비밀이나 내부적인 이야기 등 다뤄지는 분야나 소재만큼이나 피해 또한 다양하다.

2005년에는 '연예인 X파일' 사건을 계기로 이에 대한 대대적인 단속이 벌어져 '찌라시' 시장도 대거 위축되었다. 그러나 '찌라시'는 보다 은밀한 방법으로 유통되며 되살아났다가, 2008년 들어 각종 연예인에 대한 악성 루머의 진원지가 되며 또다시 지탄을 받기 시작했다.

게다가 2008년 11월에는 세계적인 경제 위기로 인해 주요 기업에 대한 악성 루머가 '찌라시'에 나돌았고, 그와 관련된 기업이 주가 급락을 비롯한 여러 경영상의 어려움을 겪는 일까지 발생하면서 '찌라시'에 대한 고소·고발도 이어졌다. 당시 검찰은 '경제 위기 조장 사범'을 집중 단속하겠다며 '찌라시'나 인터넷을 통해 특정 기업의 자금난이나 부도설을 유포하는 등의 신용 훼손 루머 유포 행위와 주가 조작, 미공개 정보 이용 등 증권거래법 위반 행위에 대해 특별 단속에 나서기도 했다.

실제로 기업들이 당한 '찌라시'의 부작용은 심각했다. 웬만한 대기업은 한두 번씩 다 당했다고 해도 과언이 아닐 만큼 '찌라시'는 무차별적으로 루머를 생산했다. 그리고 '맞으면 좋은 거고 아니면 말고' 하는 식의 낭설은 막대한 손실을 불러일으켰다. 아래에 관련 기사를 하나 인용한다.

> 재계의 증권가 '찌라시(정보지)' 공포가 극에 달하고 있다. 주요 대기업들은 그동안 증권가 정보지에 대해 '무대응이 상책'이라는 식으로 대부분 외면해 왔다. 하지만 최근 증권가에 떠도는 악성 루머가 기업의 생존권을 위협받는 수위까지 넘어서자 검찰·경찰에 수사를 의뢰하는 등 적극 대응에 나서는 방향으로 변화하고 있다. 하이닉스반도체는 지난 12일 서울지방검찰청에 회사의 '감자설' 루머를 증권가에 퍼뜨린 사람을 검거해 달라는 고발장을 제출했고, 조만간 지역 관할 수서경찰서 내 사이버 수사대에서 용의자 검거에 들어간다. 하이닉스 관계자는 15일 "감자설이 증권가에 나돈 뒤로 주가가 급속히 빠지는 등 손실이 컸다"면서 "이전에도 외국인 공매도설 등이 나도는 등 각종 풍문이 끊이지 않았다"며 검찰 고발 이유를 설명했다. 하이닉스는 지난 9월까지 2만 원대에 달하던 주가가 감자설 등이 퍼지면서 최근엔 6,000~7,000원 선까지 급락했다. 이번 하이닉스의 검찰 고발 이후 비슷한 경험을 한 다른 기업들의 고소·고발도 늘어날 것으로 보인다.
>
> (김경수, '재계 찌라시 공포 확산', 「파이낸셜뉴스」, 2008.12.16.)

언론와 '찌라시'의 차이라면 사실과 검증, 객관성과 신뢰 등이다. 언론도 검증 없이 루머를 퍼뜨리거나 자극적인 거짓 기사를 통해 판매 부수 증가를 유도한다면 '찌라시'와 다를 바 없다. 언론계에선 이런 부끄러운 일이 종종 발생한다.

대표적인 사례로 월간지 「신동아」가 2008년 12월호와 2009년 2월호에 가짜 미네르바를 등장시켰다가 물의를 빚은 일을 들 수 있다. 동아일보사의 자체 진상 조사에 이은 공식 사과도 있었다. 하지만 권위 있는 매체가 검증도 없이 확인도 안 된 거짓을 유포했으니 '증권가 찌라시'를 욕할 처지가 못 되는 행태다. 게다가 가짜 미네르바가 등장한 두 권의 「신동아」는 모두 평소 대비 각 1만 부씩 총 2만 부가 더 팔렸다고 하니, 돈만 벌면 진실이든 낭설이든 가리지 않는 '찌라시'와 유사한 결과를 낳은 셈이다. 월간지 한 권의 값이 1만 2,000원이니 총 2억 4,000만 원의 부당(不當) 이익을 챙긴 것과 다름없기 때문이다.

'진실은 멀고 이야기는 가깝다'는 말이 있다. 지금도 '증권가 찌라시'는 이야기로 우릴 솔깃하게 하면서, 진실을 조작하고 비밀을 파헤치고 여론을 조장한다.

'연예인 X파일'은 페이퍼였기에 파괴력이 컸다!

　2005년 1월, 대한민국의 최대 이슈는 일명 '연예인 X파일'이라 불리던 '광고 모델 DB 구축을 위한 사외 전문가 Depth Interview 결과 보고서'였다. 이 보고서는 광고 회사인 제일기획의 브랜드 마케팅 연구소로부터 의뢰를 받은 동서리서치가 작성한 것으로, 회사의 업무 자료로 사용하기 위해 만든 문서다.

　보고서 작성 시기는 2004년 11월 23일자로 나와 있는데, 이것이 2009년 1월 들어 외부로 유출되며 엄청난 파장을 일으켰다. 파일은 인터넷을 타고 순식간에 전국은 물론 해외로도 퍼져 나갔다. 때문에 당시 보고서 관련 작업을 주도한 광고 회사는 물론 보고서에 등장한 기자나 리포터들도 상당히 곤혹스러워졌을 뿐 아니라, 파일에 언급된 연예인들의 공동 대응 움직임도 있었다.

사실 연예인에 대한 루머는 늘 있어 왔지만, 구전으로 돌아다닐 때는 별 문제가 없었다. 그런데 그것들이 보고서라는 하나의 정리된 페이퍼로 만들어지고 그것에 기자나 리포터의 이름이 붙자 신빙성이 높아졌으며, 광고 및 리서치 회사명이 붙으며 신뢰와 권위까지 획득하자 그 파괴력이 엄청나게 커졌던 것이다.

사람들은 말보다 글에 더 쉽게 속는다. 특히 그 글이 종이 위에 인쇄된 글이라면 더욱 그렇고, 그 종이가 제대로 형식을 갖춘 보고서나 공문서의 형태라면 더더욱 그렇다. 미국의 사회심리학자 앨버트 메라비언은 대면(對面) 커뮤니케이션 시 목소리는 38%, 표정(35%)과 태도(20%) 등 몸짓 언어가 55%의 비중을 차지하는 데 반해 말하는 내용은 겨우 7%에 불과하다고 주장했다. 이를 '메라비언의 법칙'이라고 하는데, 인간의 상호 커뮤니케이션에서 비언어적 대화가 가지는 힘을 설명할 때 자주 언급되는 내용이다.

이는 페이퍼에도 그대로 적용된다. 페이퍼의 작성자나 출처, 형식이 만들어 내는 권위가 내용에 대한 문제의식을 없애기도 하기 때문이다. 사람들은 페이퍼를 접할 때 대부분 내용보다는 형식을 비롯한 외형을 먼저 본다. 그리고 그 외형에서 주눅이 들면 내용도 더 잘 받아들인다. 같은 내용의 보고서라도 작성자명이 세계적인 경영 컨설팅 회사인 경우와, 이전에는 들어 보지 못한 국내의 작은 회사인 경우가 다르게 다가오는 것이다.

이처럼 '읽어야 할' 페이퍼도 '눈으로 보는' 것으로 받아들이는 사람들이 많기에, 페이퍼 파워는 더욱더 전략적으로 가져야 하는 힘이다. 내용과 형식을 모두 갖추고, 그것을 시의적절하고 적극적으로 활용하는 것이 페이퍼 파워를 극대화시키는 접근법이다. 따라서 물론 사기꾼들처럼 이를 악용하는 사람들도 있다. 자신이 휘두를 때는 좋은 무기지만, 상대가 휘두를 때는 자신에게 타격을 줄 수 있는 것이 바로 페이퍼 파워임을 기억하자.

왜 대기업은 미디어를
소유하고 싶어 하나

　미디어를 욕심내지 않는 기업은 없다. 대기업이 미디어를 소유하고 싶어 하는 이유는 삼척동자도 알 수 있을 정도로 명확하다. 미디어는 그 자체로서도 좋은 비즈니스지만, 어떤 경우에는 권력도 되고, 기업 경영에 있어서도 유리하게 작용하기 때문이다. 설령 미디어 비즈니스 자체가 잘 이루어지지 않더라도, 미디어를 통해 광고 효과나 기업에게 유리한 여론 형성 효과를 충분히 거둘 수 있기에 결코 손해 보는 일은 아니다.

　유쾌한 현실은 아니지만, 기업과 미디어의 밀월 관계는 흔하다. 때때로 특정 기업에 대한 안 좋은 이슈를 어떤 신문에서는 매우 우호적으로 다루는 경우가 발생한다. 팔이 안으로 굽기 때문이다. 실제로 「중앙일보」와 다른 신문들이 삼성과 관련된 뉴스를 어떻게 다루는지 비교해 보면 잘 알 수 있다. 중앙일보는 삼성그룹이 만든 신문사다. 지금은 사라진 TBC(동양방송)도 삼성이 만들었다. 삼성그룹은 처음부터 신문과 방송에 대한 소유욕이 컸는데, 이 점은 모든 대기업이 마찬가지다.

공정거래위원회의 결정에 따라 1999년 4월 1일자로 삼성으로부터 계열 분리된 중앙일보사는 수많은 잡지와 케이블 TV의 여러 채널을 가지고 있다. 중앙일보사의 사주(社主) 홍석현은 삼성의 이건희 회장의 아내 홍라희의 남동생, 즉 이건희의 처남이다. 사주를 제외하고 5% 이상의 주식을 소유한 것은 삼성에서 계열 분리된 CJ와 CJ개발이다. 삼성과 중앙일보사의 관계는 법적으로만 계열사가 아닐 뿐이지, 여전히 긴밀하고 돈독한 관계를 가진다. 중앙일보 본사 빌딩에는 삼성전자의 연구소나 사무실 일부도 있다.

삼성과 「중앙일보」, 현대와 「문화일보」, 현대자동차와 「한국경제신문」, 삼양과 「동아일보」, 통일교와 「세계일보」, 순복음 교회와 「국민일보」 등의 상호 관계는 매우 긴밀하다. 모기업이거나 최대 주주 등에 해당되는 자본 권력과 일간지의 조합들이기 때문이다. 한화도 한때 경향신문사를 소유한 적이 있고, 조선일보사는 그 자체로도 대기업이라 할 수 있다. 이들은 이젠 신문을 넘어 지상파 방송도 넘본다. 그동안 상당수의 대기업이 케이블 방송에 진출했지만, 그것으로는 성에 차지 않았다. 지상파 방송이 가지는 보도 기능이 탐났던 그들은 여론을 주도하는 페이퍼의 힘을 신문과 방송을 통해 누리려는 것이다.

2009년 정치권의 최대 공방 중 하나가 미디어법이다. 한나라당의 미디어법 개정안 발의 내용에 따르면 신문사와 대기업은 지상파 방송의 20%, 종합 편성·보도 전문 채널의 49%까지 지분을 가질 수 있게 된다. 다섯 개의 대기업이 20%씩 모이면 100% 대기업을 위한 지상파 방송이 만들어질 수 있는 것이다. 또한 어떤 대기업 및 그 계열사인 신문사가 한 지상파 방송사의 지분을 각각 20%씩 가진다면, 결과적으로 그 대기업은 그 방송사에 대해 자사에 유리한 40%의 지분을 소유하는 셈이 된다. 한나라당의 미디어법 개정안이 통과되면서 미디어를 소유하고자 열망하는 대기업에게 보다 유리한 환경이 만들어졌다.

페이퍼 파워를 만들고 활용하는 데 있어 미디어는 최고의 도구이자 강한 무기가 된다. 때문에 기업들이 이런 무기를 소유하고자 하는 것은 어찌 보면 당연한 일이다. 페이퍼 파워 및 그것으로부터 파생될 여론 형성 효과를 기업들은 이미 알고 있는 것이다.

대기업에서 경제 연구소를 운영하는 이유는?

　대기업이 운영하는 대표적인 경제 연구소로는 삼성경제연구소, LG경제연구원, 현대경제연구원, 포스코경영연구소, 대신경제연구소, SK경영경제연구소 등이 있다. 각기 어떤 대기업이 운영하는지는 연구소명에 명확히 드러나 있다. 이들 연구소들은 대개 수십에서 백여 명에 이르는 연구 인력을 가지고 있으며, 기업의 필요에 의해 만들어진 만큼 모(母)기업의 이해관계와 연관된 연구 결과도 많이 생산한다.

　2009년 6월 기준으로 보면 국내 20대 그룹사 중 11개 그룹사가 총 13개의 경제 연구소를 운영하고 있는데, 그중 삼성과 롯데가 운영하는 것은 각각 두 곳이다. 금융권에서는 8개 금융사가 총 9개의 경제연구소를 운영하고, 그중 미래에셋이 운영하는 곳이 두 곳이다.

이렇게 대기업에 해당하는 20대 그룹과 금융권의 19개 사가 운영하는 경제 연구소는 22개에 달한다. 그중 가장 오래된 곳은 대신경제연구소로 1984년에 세워졌고, 삼성경제연구소, LG경제연구원, 현대경제연구원이 각기 1986년에 설립되어서 그 뒤를 잇고 있다. 그 외의 나머지 연구소들은 1990년대 이후에 세워졌다. 연구원 수로 보면 삼성경제연구소가 123명으로 가장 많고, KB국민은행연구소(105명), LG경제연구원(90명), KT경제경영연구소(82명), 포스코경영연구소(77명) 등이 그 뒤를 잇고 있다.

순수한 목적의 민간 연구소라는 것은 존재하기 힘들다. 대기업의 자본으로 운영되는 곳이라면 모기업의 이해관계를 외면하는 연구 결과를 제시하는 것은 더욱 어렵다. 때문에 대기업 경제 연구소의 연구 보고서나 각종 출판물에서는 해당 기업에 유리한 여론을 만들어 내거나, 불리한 상황에 처한 해당 기업의 구원 투수 역할을 자임하는 경우도 종종 드러난다. 결과적으로 여론을 유도하고 진실을 조작하는 보고서가 만들어질 수 있는 태생적 환경을 가지고 있는 셈이다.

분명 민간 싱크 탱크(think tank)로서 유용한 경제·경영 정보를 연구하는 것은 의미 있는 일이다. 기업은 이윤의 사회적 환원 차원에서 좋은 경제·경영 관련 정보들을 연구 및 생산, 공유하는 것도 경제 연구소 운영의 목적으로 한다. 하지만 사회 구성원 모두가 아닌, 자본을 대고 운영의 주체인 모기업을 위한 연구가 되기 쉬운 것은 당연한 일이다.

어떤 비즈니스를 하든 정보와 전략은 필수적이고, 조사와 분석을 통한 통찰은 비즈니스에 있어 매우 중요하다. 그런 점에서 내·외부적으로 활용 가치가 충분한 대기업 연구소는 기업의 전략적 무기가 되기도 한다. 사회적 여론의 조성, 언론이나 정부, 정치권과의 관계를 만들어 가는 데도 대기업의 연구소가 기여하는 부분이 많다.

이런 이유로 대기업 경제 연구소의 업무 영역은 모기업의 비즈니스를 위한 필요 정보를 수집하거나 분석하는 것에서 출발, 모기업에 유리한 여론을 형성하거나 방패막이 될 페이퍼를 만들어 내는 것으로도 확장되기 쉽다. 기업의 입장에서 자사에 유리한 페이퍼들이 연구소의 권위와 신뢰를 달고 확산되며 비즈니스에 유리한 상황을 만들어 낸다는 것은 매력적인 일이 아닐 수 없다. 그렇기에 대기업 경제 연구소의 연구 결과 중 모기업의 이해관계와 어떤 식으로든 관련 있는 것에 대해 대중은 좀 더 신중하고 비판적이어야 하는 것이다.

예를 들어 삼성경제연구소의 보고서들은 모기업인 삼성이 사회적 의제를 설정하고자 할 때, 혹은 새로운 비즈니스를 시도하거나 위기를 겪는 등의 경우에 페이퍼의 힘을 발휘한다. 그 힘은 정치적으로도 매우 큰 영향을 행사하는데, 아래에 삼성경제연구소의 영향력이 어느 정도임을 보여 주는 흥미로운 기사 두 개를 인용한다.

10월 1일부터 30일까지 한 달 동안 18개 주요 일간지(종합지·경제지)의 삼성경제연구소 인용 보도는 무려 251건에 이른다. 한 신문당

14건, 거의 이틀에 한 번꼴로 이 연구소를 인용 보도했다는 이야기다. 정부 부처를 제외한 뉴스 소스로는 단연 1위라고 할 수 있다. 삼성경제연구소가 한국 사회 의제 설정을 주도한다는 우려가 설득력 있게 들릴 정도다. 삼성경제연구소가 10월 4일 배포한 〈두뇌 강국으로 가는 길〉이라는 보고서는 조·중·동과 한겨레, 경향 등 11개 전국 단위 일간지와 7개 경제지가 모두 받아 썼다. 11일 발간한 〈서브프라임 사태와 세계 경제 향방〉과 29일 발간한 〈중국 인플레이션 원인과 시사점〉은 각각 11개와 10개 신문에서 받아 썼다. 문제는 이 연구소가 재벌 대기업의 이해를 대변하는 논리를 지속적으로 생산해 내고 있다는 점이다. 이 연구소는 자본시장통합법의 핵심 논리를 제시해 왔고 인수 합병(M&A) 활성화와 금산 분리 완화, 출자 총액 제한제도 폐지 등을 주장해 왔다. 대기업의 경영권 보호 장치를 제도화해야 한다는 주장을 내놓기도 했다. 일찌감치 한미 FTA(자유무역협정) 논의를 촉발시킨 곳도 바로 삼성경제연구소다.

(이정환, '삼성경제연구소 베껴 쓰기 심각',

「미디어오늘」, 2007.10.31.)

2003년 2월 대통령직 인수위원회가 활동을 마치고 11개 분과별로 5년 동안의 국정 과제를 제시했는데, 노 대통령은 삼성경제연구소에도 똑같은 작업을 하도록 했다. 이에 따라 삼성경제연구소는 "70여 명의 연구원을 동원해 인수위의 11개 분과처럼 11개 팀을 짜고 같은 주제로 국정 어젠다를 만들었다."라고 말했다. 이것이 〈국정과제와 국가운영에 관한 어젠다〉라는 400여 쪽 분량의 보고서이다. (중략) 일반인에게 '세리(SERI)'라는 애칭으로 더 잘 알려진 삼성경제연구소는 1986년 삼성생명 부설 연구 기관으로 출범해 1991년 주식회사로 전환했다. 삼성그룹에서 삼성경제연구소는 그들이 원하는 정책 의제를 제기하고 사회 담론을 유포하는 이른바 '삼성 이데올로기'를 공식·비공식 경로로 퍼뜨리는 전위 부대 구실을 톡톡히 하고 있다.

(장영희, '삼성은 참여정부 두뇌이자 스승이었다',

「시사인」통권 11호, 2007.12.4.)

위의 기사들은 삼성경제연구소의 보고서가 가지는 파워가 이미 미디어를 통한 여론 형성을 넘어 국정에도 상당한 영향력을 발휘했음을 보여 주고 있다. 실제로 모든 대기업 경제 연구소는 이러한 영향력을 가지길 바라고 있다. 다만 삼성경제연구소가 가장 앞서서 그 영향력을 발휘하고 있을 뿐이다. 대기업 경제 연구소는 수없이 쏟아내는 연구 보고서들을 통해 자사에 유리한 이해관계를 만들고 여론도 형성하며 지속적으로 영향력을 발휘하고 있다. 보고서를 통한 페이퍼 파워를 계속 활용하고 있는 것이다.

정부의 국책 연구소,
싱크 탱크와 마우스 탱크

    정부에는 수많은 국책 연구소가 있다. 대기업이 경제 연구소를 가지는 이유와 다를 바 없다. 본원적인 이유는 공공과 국가의 이익을 위하는 연구를 위해서다. 그러나 간혹 공공과 국가의 이익이 정권의 이익에 묻히기도 한다. 기업의 경제 연구소가 모기업의 이해관계를 고려하지 않을 수 없는 것처럼, 정부의 국책 연구소도 정부의 이해관계로부터 자유로울 수 없기 때문이다. 특히 정권은 5년 주기로 바뀔 수도 있기에, 장기적인 연구의 경우에는 정치적 이해관계의 변동으로 인해 연구 결과나 목적이 변하는 경우도 배제할 수 없다.

    2009년 1월 이동걸 전 금융연구원장은 이임사에서 '현 정부는 연구원을 싱크 탱크(두뇌)가 아니라 마우스 탱크(입)로 바라본다', '정부의 정책을 앞장서서 적극적으로 홍보하지 않는 연구원이나 연구원장은 현 정부의 입장에서는 아마 제거되어야 할 존재인 것 같습니다. 경제 성장률 예측치마저도 정치 변수화한 이 마당에 그것은 아마 당연한 일이겠지요.' 등을 말했다. 실제로 외환 위기 우려가 고조됐던 2008년 말에는 금융연구원 쪽에 '외환 위기는 없다'는 내용의 언론 기고를 하라는 요구가 내려오기도 했다고 한다. 정부의 연구 기관 통제가 사실상 이뤄지고 있음을 말하고 있는 것이다. (중략) "지난해 말 민감한 주제에 대해 보고서를 한 번 썼는데 정부 쪽에서 크게 분개했다. 정부 관계자가 사장에게 전화를 했고, 사장이 세게 경고했다. 잘리는 줄 알았다. 내 말이 맞다고 버텼으면 정말 잘렸을 거다. 이제 그 주제에 대해서는 보고서 안 쓴다. 무서워서 못 쓴다. 다시 한 번 쓰면 난 구제받지 못할 거다. 소위 '전문가'로서 부끄럽다." (한 금융 회사 연구원), "성장률이나 쟁점 사항들에 대해 (정부와 입장이 다른) 보고서를 내면 정부 쪽에서 전화가 온다. 참여정부 때도 정부 눈치를 아주 안 볼 수는 없었지만, 그때는 전화가 오거나 하지는 않았다." (한 민간 경제 연구소 연구원)

(안선희·김경락·정남구, '이제 그런 보고서 안 쓴다',
무서워서 못 써', 「한겨레신문」, 2009.1.31.)

정부에서 대개 자신들에게 유리한 근거로 삼는 것은 보고서다. 보고서로 근거라는 배경을 얻고, 그것을 통해 주장과 계획을 관철시키려 하는 것이다. 정부의 국책 연구소에서 보고서를 쏟아내는 것에서도 페이퍼 파워를 찾아볼 수 있다. 실제로 정부가 추진하는 수많은 정책, 특히 쟁점이 될 수 있는 정책에 앞서서는 정부 추진 정책의 당위성을 지지하는 듯한 보고서가 만들어진다. 한반도 대운하를 추진했던 시기에는 운하의 경제성을 제시하는 보고서가 쏟아졌고, 정부는 그것을 대운하 추진의 당위성을 주장하는 데 있어 중요한 근거로 삼았다. 이것은 분명 보고서 정치, 즉 페이퍼 파워를 통한 정치의 사례에 해당한다. 이런 예는 아주 많다. 논란이나 쟁점이 되는 사안에 대해 정부는 어김없이 보고서 정치를 시도하며 자신들에게 유리한 상황을 페이퍼를 통해 만들어 냈다.

   2008년 3월과 6월, 조세연구원에서는 두 가지 보고서가 나왔다. 당시는 이명박 정부가 들어서고 기업 친화적인 정책을 제시할 때였는데, 보고서에는 '법인세 인하가 투자 활성화에 큰 도움이 될 것'이라는 내용이 담겼다. 그러나 정권이 바뀌기 전의 조세연구원에서는 법인세 인하와 투자 활성화 사이에는 큰 관계가 없다는 내용의 보고서를 발표했으므로, 이는 분명 정치적 압력이 개입된 경우임을 의심할 수밖에 없다. 조세연구원이 작성한 보고서는 정부가 용역을 준 것이었다. 정부의 압력은 국책 연구소에 가장 직접적으로 미치고, 그 다음으로 민간 경제 연구소나 금융 회사 등으로도 이어진다. 정부의 이해관계에 유리한 보고서는 유포되도록, 반대로 정부 정책을 비판하거나 회의적 시각으로 바라보는 불리한 보고서는 자제하거나 재고하도록 유도하는 셈이다.

  2008년 11월 삼성증권은 국내 기관으로서는 최초로 2009년 국내 총생산(GDP) 성장률을 마이너스(−0.2%)로 전망하는 보고서를 냈다. 하지만 보고서는 곧바로 홈페이지에서도 삭제되었다. 그리고 국내 총생산 성장률을 제시한 다음 보고서가 2009년 1월에 나왔는데 이때의 전망치는 +2.0%였다(참고: 안선희·김경락·정남구, 같은 글). 한두 달 만에 예측 성장률이 무려 2.2%포인트나 급상승한 결과가 나온 것이다. 이러한 연구 결과는 일반적이라고 볼 수 없는 것이기에 정치적 개입을 의심하게 된다.

  이후 국외 연구소나 기관들이 대거 마이너스 성장률을 제시하자 국내 연구소나 기관들도 안심(?)하고 마이너스 성장률을 다시 제시하기 시작했다. 그러나 사실 매년 국책 연구소나 민간 경제 연구소에서 내놓는 예측 경제 성장률이나 GDP 성장률을 1년 후에 검증해보면 제대로 맞은 적이 전무했다. 또한 대부분의 예측치는 실제치보다 높았지 결코 낮았던 적도 없었다. 연구소의 예측력이 부족해서인지, 아니면 어떤 외부 세력이 좀 더 높은 예측치를 원하기 때문에 그것을 반영해서인지는 알 수 없지만, 둘 중 어느 쪽이라 해도 문제는 문제다. 분명한 것은 정부는 보고서가 가지는 위력을 알고 있고, 그 힘을 이용하고자 한다는 점이다.

페이퍼를 무기로
여론을 등에 업으려는 시도들

페이퍼는 여론을 만들어 내기도 하고, 주장하는 바에 근거라는 힘을 보태기도 하며, 자신을 방어하고 상대를 공격하는 데 있어 강력한 무기가 된다. 때문에 주장을 펼치고 싶으면 보고서부터 만들어야 한다.

실제로 한반도 대운하나 미디어법에 대해 서로 상반된 주장을 펼치는 보고서는 수없이 존재한다. 저마다 객관적이고 신뢰 있는 연구라고 자신하는데, 어떻게 이렇게 서로 다른 결과가 나오는 걸까? 둘 중 하나는 객관적·신뢰적이지 못한 연구였거나, 둘 다 그럴 수도 있다. 객관적으로 보면 중간치인 결과도 각자에게 유리한 극단적인 결과만을 위주로 편집해 보고서를 만들어 낸다면 서로 상반된 연구 결과가 나올 수밖에 없다.

어떠한 개발 계획에 대해 누구는 그것을 통한 경제성 평가 보고서를 내세우고, 또 다른 누구는 그것이 야기할 환경 피해에 대한 보고서를 내세운다. 전자는 경제성을 중요시해야 한다고 하고, 후자는 환경 보존이 경제보다 더 중요하다고 한다. 둘 다 서로의 주장을 뒷받침하는 근거로 보고서를 제시하고, '학자들이 참여한 객관적인 연구 보고'라며 근거의 정당성을 얘기한다. 그러나 실제로는 지극히 주관적인 데다가 이해관계에 입각한 당파성까지 띠고 있는 연구 결과라면 어느 누구도 그것을 믿을 수 없다. 그렇게 '연구 결과는 믿을 수 없는 것'이라는 인식이 머릿속에 일단 자리 잡으면 상대편이 내세우는 연구 결과는 콩으로 메주를 쑨다 해도 못 믿는다.

어느 조직에서든 모든 중요한 일에서 문건은 빠지지 않는다. 외부로의 유출 위험성에도 불구하고 내부 활용 가치가 높기 때문이다. 그런데 가끔 정치권에서는 어떤 기관의 내부 문건 유출과 관련된 공방들이 벌어지곤 한다. 정치 공작이나 각종 시나리오를 담은 내부 문건은 정국의 변수로 수시로 등장하는데, 이를 유출시킨 이유도 지극히 정치적이다. 그토록 비밀스러운 내부 문건이 유출되었다는 것 자체도 놀랍지만, 그것이 여론을 등에 업는 데 매우 유용한 무기가 된다는 것도 놀랍다.

문건 작성과 유출에 얽힌 사건은 정치권 밖에서도 자주 벌어진다. 한동안 한국을 떠들썩하게 했던 소위 '장자연 리스트'는 소속사 대표들 간의 법적 분쟁에서 유리한 고지를 점하려는 의도로 만들어진 자필 문서에서 출발했는데, 이 리스트가 확대되며 사회적 이슈가 된 예에 해당한다. 출발은 자신에게 유리한 페이퍼를 만드는 것이었지만, 결과적으로 그것이 엄청난 파장을 몰고 온 셈이다. '장자연 리스트' 사건은 그 진실 여부와 상관없이, 페이퍼를 무기로 만들려는 시도가 빚어낸 대표적인 사례다.

2009년 3월 보수 단체인 뉴라이트연합은 '민주노총 충격 보고서'라는 제목을 단 책의 출판 기념회를 열었다. 출판 기념회를 통해 민주노총의 부정과 비리 행태를 다룬 보고서를 대대적으로 홍보하고 언론에 노출시키고자 했던 것이다. 이로 인해 민주노총은 치명타를 입었는데, 이는 보수 단체에서 민주노총을 무력화하기 위해 페이퍼 파워를 행사한 사례라 할 수 있다. 반대로 진보 단체에서도 보수 단체의 부정과 비리를 지적하는 보고서를 숱하게 내놓는다. 서로 여론을 두고 싸움을 벌이는데, 그 무기는 보고서나 미디어인 경우가 많다. 이처럼 페이퍼는 여론을 조장하고 유도하고자 하는 이들에게 매우 유용한 선택이 된다.

기업들은 무슨 일이 생기면 우선 보도 자료부터 만들어 뿌린다. 그 보도 자료는 기사가 되고, 그 기사는 다시 여론이 되기 때문이다. 자치단체장이나 국회의원, 기관들도 각자의 치적을 기록하고 홍보하기 위해 수많은 백서나 보고서, 보도 자료를 작성하여 배포한다. 사실 자신에게 유리한 보고서를 만들 권리는 누구에게나 있고, 그렇기에 우리는 페이퍼 파워를 통해 자신에게 유리한 여론을 만들어 낼 필요가 있다. 그 자체가 스스로를 지킬 권리이자 최선의 선택이기 때문이다.

인용과 통계,
숫자의 권위로 유혹한다!

상대를 내 편으로 만드는 데 있어 인용문은 상당한 힘이 된다. 상당히 논리적인 말을 인용하는 경우라도 인용문은 그 자체가 후광 효과를 가지고 있기 때문에 사람들의 감성을 자극한다. 따라서 인용문은 상대를 혹하게 만들거나, 짧은 메시지로도 매우 강력한 효과를 발휘하는 데 유용한 무기가 된다.

황우석 박사가 인용해서 우리에게 더욱 유명해졌던 "과학에는 국경이 없지만 과학자에게는 조국이 있다."라는 말은 원래 파스퇴르가 한 것이다. 단 한마디의 인용문만으로 국민들의 애국심을 부추김과 동시에 자신에 대한 추종과 우호 세력을 확대한 것이니, 황우석 박사는 과학자보다 정치가 혹은 사업가로의 자질을 유감없이 발휘했다고 평가할 수 있다. 그가 사람들의 마음을 사로잡는 데 인용문의 힘을 효과적으로 구사한 점은 기억해 둘 만하다. 연구 결과 조작이 드러나기 전까지 그의 과학적 성과를 몇 배 더 크게 만들었던 것은 바로 그의 화려한 수사(修辭)와 인용문이 가진 힘이었다. 페이퍼 파워를 알았던 그였기에 인용문의 힘도 효과적으로 이용할 수 있었던 것이다.

시의적절할 때 쓰는 인용문의 힘은 강력하다. 잘 고른 인용문의 힘은 수만 글자의 글이나 말보다 강력함을 보여 주기 때문이다. 인용문에는 검증의 효과와 메시지 함축, 익숙함, 후광 효과라는 강점이 담겨 있다.

사람들은 승부수를 띄워야 할 때 곧잘 인용문을 사용하는데, 이때의 인용문은 속담이나 격언, 혹은 문학 작품이나 명저의 명구(名句), 유명 인사의 어록 등 대개 강력한 메시지를 검증받은 글들이다. 이미 대중에게 검증된 글과 말이고 확인된 효과이다 보니 강력함을 주고자 할 때 선택할 수 있는 매우 안전한 장치에 해당하는 것이다.

또한 인용문의 길이는 대개 한 문장 정도로 짧기 때문에, 그 속에 함축·정리된 메시지는 강력하다. 유명한 사람들의 알려진 글과 말이기 때문에 그것을 접하는 사람들의 눈과 귀에 익어 머릿속에도 쉽게 각인된다. 아울러 유명 인사가 한 말이니 일개 평범한 개인이 한 말보다 대중적 설득력, 즉 명사(名師)의 권위에서 비롯된 후광 효과도 가진다.

서양에서 가장 많이 인용되는 말들은 성경에 나왔거나 셰익스피

어가 한 말이라고 한다. 우리는 속담이나 고사성어를 많이 인용하는데 이제는 좀 더 전략적으로, 세계적 석학의 이론이나 명저에 나오는 명언, 세계적 리더들의 명언 등을 잘 외워 뒀다가 인용해 보라. 인용문의 힘을 직접 느낄 수 있을 것이니 말이다.

그럼 무슨 글과 말을 어떤 상황에서 인용해야 할까? 인용은 이미 다른 사람이 유사 상황에서 사용해서 효과가 좋았던 글과 말을 활용하는 것이다. 따라서 그 사람이 어떤 상황에서 그런 글과 말을 썼는지를 이해하는 것이 필요하다. 평소 신문이나 책을 많이 본 사람들에겐 이것이 어렵지 않은 일일 것이다. 영화나 드라마의 멋진 대사를 떠올릴 때면 우리 머릿속에는 전후의 상황과 상대자의 대사 등이 함께 연상된다. 단지 그 대사 한마디가 아니라, 그 상황에 사용되었던 그 대사가 감동적인 것이다. 이처럼 아무리 멋진 글과 말이라도 그것이 어울리지 않는 상황이라면 효과가 없다. 또한 인용하고자 하는 그 말은 이미 대중적으로 널리 알려져 있는 것이어야 한다. 인용문이라고 구사했는데 자기 외엔 아는 이가 아무도 없다면 곤란해지기 때문이다.

인용의 힘을 발휘하려면 꾸준한 독서와 인용 노트 작성, 주제와 대상을 고려한 인용문 선택이 필수적이다. 그러니 우선은 인용 노트를 만들어라. 평소 책을 읽다가, 아니면 명사의 얘길 듣다가 좋은 글과 말이 있으면 그것을 기록해 두는 습관을 들이면 좋다. 자신에게 처할 주요 상황별로 카테고리를 만들어 두고, 그에 어울리는 인용문들을 평소에 하나씩 기록하다 보면 나중에 그것은 엄청나게 중요한 자산이자 자신만의 무기가 된다. 대화 상황에 미리 얘기할 주제와 대화 상대자를 고려해서 그날 얘기할 인용문을 준비해 두는 것도 좋다.

자신의 주장이나 결론에 힘을 보태는 요소로는 전문가를 인용하거나, 책이나 대중 매체 등의 참고 자료, 수치화된 통계 자료, 논문이나 연구 결과를 제시하는 방법이 있다. 이것이 바로 말의 '근거'에 해당한다. 근거는 주로 권위와 숫자로 포장된다. 근거 있는 말과 그렇지 않은 말의 차이는 크다. 가령 똑같은 말이라도 내가 그냥 주장하는 것보다 "피터 드러커는 이렇게 말했다."라며 주장하는 것은 다르다. 상대는 피터 드러커라는 유명 인사의 권위에 눌려 당신의 주장을 함부로 반박하려 들지 않을 것이고, 이것은 곧 상대가 내 주장을 좀 더 쉽게 수용하게끔 한다. 이처럼 내가 하고자 하는 말에 설득적 힘을 보태 줄 근거를 함께 제시하는 것이 필요하다.

근거로 많이 활용하는 것 중의 하나가 사례 조사다. 유사한 사례를 벤치마킹하여 분석한 후에 '이래서 우리는 어떻게 해야 한다'고 주장하면 설득력이 배가 된다. '외국에선 이렇게 한다는데' 혹은 '유명한 어떤 회사에선 이렇게 한다는데'와 같은 말도 강력한 힘을 가진다. 지식 정보가 주로 외국으로부터 들어오는 것이 많고, 유명한 것은 대개 외국에 있다 보니 외국의 사례가 설득력이 강한 경우가 많다. 같은 사례 조사라도 그것이 한국의 것이냐 외국의 것이냐에 따라 힘이 다르다. 그래서 가끔은 외국보다 더 잘된 한국의 것을 분석하는 것보다, 그래도 외국의 것을 분석한 자료가 힘을 가지는 경우가 있다. 웹 사이트가 가장 발달해 있는 국가가 한국인데도, 클라이언트들은 한국의 유수 사이트보다 외국의 사이트를 벤치마킹한 것을 더 좋아하는 경우가 적지 않다. 더 잘 만들어진 한국의 사이트가 아닌, 좀 덜한 외국의 사이트를 얘기해야 되는 것이 어찌 보면 사대주의적 발상이긴 하다. 하지만 어쩌랴. 아직도 그런 사람들이 꽤 많고, 여전히 외국 사례가 앞서 가는 것이라 여기는 이들이 많으니 말이다.

주장하는 바의 근거는 통계나 숫자일 경우에 더 큰 힘을 발휘한다. 대부분의 사람들이 '통계와 숫자는 객관적'이라는 선입견을 가지기 때문에 설득을 위해서는 수치를 언급하는 것이 좋다. 심증은 있어도 물증이 없으면 함부로 반박할 수 없는 것이 숫자이기 때문이다. 상대가 반박할 수 없도록 무조건 숫자를 언급하라는 것이 아니라, 확실한 근거를 가진 숫자는 상대를 설득하는 아주 강한 힘을 가지고 있음을 말하고자 하는 것이다.

"실적을 10% 더 올려라."는 말과 "실적을 좀 더 올려라."라는 말의 중압감은 다르다. 구체적인 숫자를 명시할 경우는 그 말이 가지는 힘이 더 강력해진다. 만일 여러분이 서점에 가서 어떤 책을 골라 손에 들었다고 가정하자. 그런데 때마침 점원이 다가와 다른 책을 추천하며 "그 책을 산 고객들의 대다수가 이 책도 함께 샀습니다."라는 말을 할 때와 "그 책을 산 고객들의 75%가 이 책도 함께 샀습니다."라고 말할 때, 여러분이 두 가지 책을 모두 구매할 확률이 높은 것은 후자의 경우다. '75%'라는 구체적인 숫자가 명시된 표현은 '대다수'라는 표현보다 더 강한 중압감과 설득력을 가지고 있고, 어쩐지 내가 그 책을 사지 않으면 75%에 들지 않는 느낌이 들게도 하기 때문이다. 이처럼 숫자는 사람에게 구속과 강박, 중압을 주기도 하고, 반대로 프라이드와 만족을 주기도 한다.

비슷한 예가 하나 더 있다. '대한민국 1%가 타는 차'라는 문구를 카피로 하여 광고했던 차가 있었다. 물론 실제로 5,000만 대한민국 국민의 1%, 즉 50만 명만을 고객으로 삼고자 했던 것은 아닐 것이다. 그러나 '1%'라는 표현은 그 차가 가진 수준과 위상, 즉 이미지를 한껏 끌어올림으로써 사람들의 구매욕을 자극했고, 그 '1%'에 들고 싶은 욕구 때문이라도 그 차를 구매하게끔 유도했다.

페이퍼 내에서도 숫자와 통계는 강한 힘을 발휘한다. 사실 자연과학의 통계는 명쾌한 편이지만, 사회 과학의 통계 자료는 불공정하거나 객관적이지 못한 경우가 꽤 있다. 통계 자료를 제시하는 경우라도 의도된 통계 결과를 제시하거나 자신에게 유리한 자료만 부각시켜 제시하는 경우도 간혹 존재한다. 이런 일들이 벌어지는 이유는 바로 숫자와 통계가 가지는 강력한 힘 때문이다. 하지만 어떤 시각에서 문제를 바라보는가에 따라 다른 답을 얻어 낼 수 있는 것이 사회 통계다. 따라서 우리에게 필요한 것은 수많은 통계 자료 중 자신에게 유리한 것을 찾아내는 능력, 그것을 시의적절하게 숫자의 힘을 빌어 전달하는 능력이다. 그렇게 '숫자와 통계'를 적절히 활용함으로써 페이퍼 파워를 더욱 높일 수 있기 때문이다.

스토리텔링의 힘은 마케팅에서도 강하다

　스토리텔링(storytelling)은 입소문을 통한 여론 유도 및 여론 조장 효과가 탁월하기 때문에 마케팅에서 자주 활용된다. 매력적인 스토리는 입에서 입으로 금세 퍼져 가는데, 이 '매력적인 스토리'도 글이 만들어 낸 힘이다. 엄밀히 말하자면 스토리텔링 마케팅(storytelling marketing)은 페이퍼 파워의 연장선상에 존재하는 것이다.

　스토리텔링은 '스토리(story)'와 '텔링(telling)'의 합성어로 '상대방에게 알리고자 하는 바를 재미있고 생생한 이야기로 설득력 있게 전달하는 것'을 말한다. 스토리텔링 마케팅은 상품 자체를 소개하는 것이 아니라 상품에 담겨 있는 의미나 개인적인 이야기를 통해 몰입과 재미를 불러일으키는 감성 지향적인 마케팅 방법이다. 스토리텔링을 통해 소비자는 상품이 아닌 그 상품에 담긴 이야기를 즐기고, 그 문화와 감성을 소비하는 것이다. 스토리텔링 마케팅은 기업이 자발적으로 개발하여 의도적으로 유포하는 기업 개발형과 고객이 만들어 시중에 떠돌던 스토리가 기업의 마케팅에 도움될 것이라 판단하여 기업이 적극 유포하는 고객 개발형으로 나뉜다.

스토리텔링 마케팅에서는 '유포 효과＝재미×비용'이라는 공식이 유효하다. 즉, 내용이 재미있다면 돈을 적게 들여도 효과가 있고, 재미가 별로 없다면 돈을 많이 들여서라도 유포 효과를 만들 수 있다는 것이다. 이것을 달리 말하면 재미도 있으면서 돈도 적당히 들일 경우 유포 효과는 극대화된다는 것이니, 결국 '재미'가 돈을 절약하는 요소임을 알 수 있다.

광고도 점점 재미를 추구한다. 진지한 광고의 대명사인 공익 광고에도 재미의 요소가 포함되어 있고, 기업의 상업 광고는 재미 자체가 목적이라고 해도 과언이 아닐 만큼 재미 추구에 열을 올리고 있다. 비즈니스의 세계에서의 경쟁력은 재미를 높이는 것이기 때문이다. 이 때문에 유머와 재미는 기업의 마케팅 담당자들이 갖추어야 할 필수 자질이 되고 있다.

경영이나 자기 계발서도 동화나 우화를 빗대어 재미있게 쓰이는 책들이 각광을 받고 있다. 최근 베스트셀러는 대부분 쉽고 재미있게 읽히는 책들이다. 지식 정보 비즈니스에서 인포테인먼트(infortainment) 스토리텔링이 주목받는 이유가 바로 이것이다. 같은 정보라도 재미있게 포장된 것은 소위 '펌질(스크랩)'에 애용된다. 블로그나 미니

홈피에 스크랩되는 수많은 정보는 대개 가볍고 재미있거나 실용적이고, 텍스트보다는 이미지 중심의 것들이다. 분야를 막론하고 쉽고 재미있지 않으면 인기를 끌기 어려우니, 대중성은 결국 재미와 불가분의 관계인 셈이다.

말보로(Marlboro) 담배는 다음과 같은 이야기를 마케팅에 적용한, 스토리텔링 마케팅의 대표적인 사례에 해당한다. 부잣집 딸과 가난한 남자 고학생이 서로 사랑했는데, 여자 집안의 반대로 결국 둘은 헤어졌지만 서로를 잊지 못한다. 후에 여자의 집안은 가난해졌고, 반대로 남자는 담배 회사를 차려 백만장자가 되었다. 여자를 잊지 못하던 남자가 수소문 끝에 여자를 찾았지만, 여자는 자살을 하고 만다. 이후 그 남자가 만든 담배가 바로 '말보로(Marlboro)'인데, 'Man Always Remember Love Because Of Romance Over(남자는 지나간 로맨스 때문에 항상 사랑을 기억한다)'라는 말의 앞 글자들을 따서 이름을 붙였다는 것이다. 이런 스토리텔링은 담배의 주 고객인 남성들에게 효과적으로 어필했다.

또 다른 사례가 MS의 MSN 메신저다. 여기서도 남녀의 이뤄지지 않은 사랑이 소재다. 이 이야기의 주인공도 남자인데, 여기서는 담배가 아닌 MSN 메신저의 프로그램을 개발한다. 이 남자도 옛사랑이었던 여자를 나중에 찾게 되는데, 어느 날 집으로 돌아와 자신이 만든 MSN 메신저를 켰더니, 그녀가 'remember'라는 대화명으로 "나, 절대 잊지 않을게. 네가 나에게 해 주었던 것들……"이라고 말했다.

그 후 남자는 메신저 개발자의 직권으로 어떤 누구도 'remember'라는 단어를 대화명으로 사용할 수 없도록 만들었다고 한다.

　이 이야기를 접하고 MSN 메신저에 가입하는 사람들이 늘어났는데, 상당수는 가입할 때 호기심 삼아 remember가 들어간 단어를 입력해 보고 가입이 되는지 확인해 봤다고 한다. 실제로 내부의 개발자나 관리자만 사용할 수 있도록 'member'라는 단어를 제한해 두었기에 발생한 현상을 'remember'와 관련된 스토리텔링으로 만들어 낸 것이다. 이것은 MS에서 개발해서 의도적으로 유포한 기업 개발형 스토리텔링 사례에 해당한다.

　이처럼 스토리텔링에서 가장 많이 등장하는 이야기 구조 중 하나가 남녀의 사랑이다. 초기에는 남녀의 이뤄질 수 없는 애절한 사랑 이야기가 상투적으로 전개되고, 그 끝에 스토리텔링이 녹아드는 형태가 많았다. 남녀의 사랑은 누구나 쉽게 관심을 가질 만한 소재이고, 누구나 사랑에 관한 경험과 추억을 하나씩은 가지고 있기에 보다 감성적으로 다가갈 수 있다는 것을 겨냥한 것이다. 뻔한 사랑 이야기를 다루는 드라마에 대중은 늘 끌리듯이 말이다.

　스토리텔링에서 자주 등장하는 또 다른 이야기 구조는 해당 상품과 관련한 라이프스타일이다. 그 상품을 사용하는 데서 발생하는 다양한 방식이나 경험을 스토리텔링으로 꾸미면, 재미와 함께 마케팅 효과를 좀 더 적극적으로 유도할 수 있기 때문이다.

　스토리텔링 마케팅의 또 다른 사례로는 국순당의 백세주가 있다.

백세주는 소주보다 다소 비싼 술이어서 초반 판매가 신통치 않았다고 한다. 그런데 일부 소비자들이 백세주 한 병에 소주 한 병을 섞어 '오십세주'라고 이름 붙이고 마시는 것을 보고 이것을 유포하기 시작했다. 고객 개발형 스토리텔링 마케팅인 셈이다. 오십세주의 이야기를 접한 소주 소비자들이 호기심 삼아 백세주를 한 병씩 주문해서 오십세주를 만들어 먹기 시작하면서 매출은 급상승했고, 회사는 자연스럽게 백세주에 소비자의 입맛을 길들이게 되었다. 이는 소비자의 음주 행태를 재미있는 스토리텔링으로 확산시킨 사례다.

예전부터 뛰어난 장사꾼들은 이야기로 물건을 팔았다. '이야기꾼들이 마케팅 시장을 장악한다'는 말이 있는데, 이것은 절대 과장이 아니다. 이제는 이야기로 마케팅을 하는 시대이기 때문이다. 최근 스토리텔링 마케팅과 더불어 가장 각광받는 마케팅 기법은 WOM(word-of-mouth) 마케팅, 즉 입소문 마케팅이다. 이야기로 마케팅하고, 이야기를 입소문에 담아서 마케팅하는 등 이야기의 경쟁력이 마케팅의 경쟁력으로 연결되는 것이다.

그러나 여기서의 '이야기'는 그저 '재미만 있는 이야기'여서는 안 된다. 이야기는 널리 알려졌지만 상품 구매와 이어지지 않는다면 곤란하기 때문이다. 따라서 상품과 관계된 문화와 라이프스타일을 담고 있는 이야기를 만들고, 사람들이 좋아하는 방식으로 그것을 가공하여 유포해야 한다.

결국 스토리텔링 마케팅에서의 스토리는 목표 대상에 맞게 설정되어야 하며, 반드시 사람들의 공감대를 형성할 수 있어야만 성공할 수 있다. 스토리텔링이 사람들 사이로 자연스럽게 녹아들기 위해서는 대중이 익숙하게 경험하거나, 쉽게 공감할 수 있는 것이어야 한다. 직·간접 경험 속에서 익숙해진 것들을 소재로 삼고, 그것을 트렌드에 맞게 가공하여 표현해 내는 것이 중요한 것이다. 또한 스토리텔링 마케팅은 입소문 마케팅과도 자연스럽게 연결되어 있다는 점을 감안해야 한다. 실제로 최근 트렌드가 되는 마케팅 이슈들은 예전처럼 노골적으로 상품을 강조하고 소비자에게 일방적으로 전달하는 것이 아닌, 감성적·문화적으로 소비자에게 다가가며 쌍방향으로 커뮤니케이션할 수 있는 것들이다. 그리고 그러한 트렌드의 중심에 있는 것이 바로 스토리텔링 마케팅이라고 해도 과언이 아니다.

 이제 마케팅 시장에서의 이야기 전쟁은 보다 치열해질 것이다. 이야기와 글을 만들어 내는 페이퍼 파워는 마케팅에서도 위력을 발휘하고 있기 때문이다.

황우석은 왜 페이퍼에 집착했을까?

　연구를 위한 실험이 실패로 돌아가 권위 있는 잡지에 게재할 예정이었던 논문을 미루거나 취소하는 것과, 실험 결과를 조작해서라도 논문을 게재하는 것 중 어떤 것이 더 현명한 선택일까? 세계적인 저널에 논문을 싣는, 그것도 주요 논문으로 비중 있게 게재할 수 있는 기회는 쉽게 오지 않는다. 그렇다고 눈 가리고 아웅하듯 조작한 논문을 게재하는 것은 결코 기회를 살리는 방법이 아니다. 평생에 걸쳐 후회할 심각한 과오가 될 수 있기 때문이다. 특히나 과학이나 학술 연구의 경우, 조작된 실험 결과나 표절은 절대로 영원히 완벽한 속임수가 될 수 없다.

　그럼에도 불구하고 황우석은 논문 조작을 해서라도 게재의 기회를 놓치지 않는 쪽을 선택했다. 그전까지 이룬 모든 성공을 하루아침에 실패로 몰아넣을 줄 알면서도 그 유혹을 뿌리치지 못했던 것이다. 페이퍼가 만들어 낼 강력한 힘, 그것을 놓치고 싶지 않다는 욕심에 독배를 마신 셈이다.

과학계에서 연구 결과나 논문을 조작하는 이들은 의외로 많다. 미루는 것보다 조작하는 것을 선택하는 이유는 페이퍼의 힘을 알기 때문이다. 페이퍼가 주는 신뢰와 권위가 다른 사람들로 하여금 자신의 조작에 대해 쉽게 문제제기하지 못하도록 한다는 것도 알고, 페이퍼를 통해서 얻을 자신의 기회가 매우 크다는 것도 알고 있다. 하지만 그 반대 경우에 미칠 파장의 정도에 대해서는 상대적으로 가볍게 생각하는 것이다.

이것은 특히 한국에서 더욱 그렇다. 사람들은 페이퍼의 중요성만 염두에 둘 뿐, 그것을 다루는 태도에서 조작이나 표절 등의 속임수가 얼마나 돌이킬 수 없을 정도로 치명적인지를 인식하지 못하는 경우가 많다. 때문에 한국에서는 장관이나 고위직 정치인 후보에 올랐다가 논문 문제로 낙마한 사람들이 꽤 있다. 대개 교수 출신의 경우인데, 논문 중복 게재나 표절 논문 등으로 물의를 빚고 천금 같은 기회의 문턱에서 좌절하고 마는 것이다.

교수 사회에서는 페이퍼가 승진 및 연구비에도 큰 영향을 미친다. 연구 결과는 모두 페이퍼로 남고, 그것은 평가의 기준이 되며, 그에 따라 교수의 지위도 가늠된다. 즉, 페이퍼를 많이 만든 교수는 연구 결과가 많은 교수가 되고, 이는 승진과 정년 보장, 연구비 우선

배정, 인센티브 등에서 더 좋은 기회를 가지는 결과로 이어지는 것이다. 특히나 대중적인 인지도를 가지는 교수는 대개 책을 써서 자신의 이름을 더 널리 알린다. 그리고 그 이름은 강연, 방송, 컨설팅 등으로 연계되며 부와 명예를 만들어 준다. 그러니 책이나 논문 등의 페이퍼 욕심을 내지 않을 수 없다. 승진을 위해서도, 교수 자리를 유지하기 위해서도, 대중적 유명세를 타기 위해서도, 연구비를 꾸준히 받기 위해서도 모두 페이퍼 파워가 필요한 것이다.

박사 논문이 아닌 석사 논문이더라도 잘된 것은 신문에 인용되고, 업계나 학계의 주목을 받으며 유리한 기회와 연결되는 경우가 있다. 시의적절한 논문으로 운 좋게 주목받아 연구 기관의 연구원이나 대학 교수가 된 사람들도 있고, 시대와 유행에 맞는 책 한 권으로 그 분야의 전문가로 쉽게 자리를 굳힌 사람도 있다. 실제로 IT 산업 초기에는 정부와 대학에서 필요로 하는 IT 전문가의 수요가 크게 늘어났는데, 그때 논문이나 책 한 권으로 기회를 잡은 사람들이 적지 않았다.

많은 공을 들여 페이퍼를 잘 쓰는 것도 중요하지만, 그것만큼 중요한 것이 바로 시의적절한 타이밍이다. 같은 수준의 페이퍼를 만들더라도 언제, 어떤 상황에서 그것을 열어 보이고 활용하느냐에 따라 페이퍼 파워가 만들어 낼 성과는 천차만별이 되는 것이다.

PAPER POWER

|제2부|

페이퍼 파워 끌어올리기

제 3 장

페이퍼 파워의 첫 번째 힘
- 비즈니스 기회를 만든다

글 잘 쓰는 사람이 더 빨리 성공한다

 글쓰기는 작가를 꿈꾸는 사람들만을 위한 일이 아니라, 사회 활동을 하려는 모든 사람들에게 필요한 일이다. 현재 직장을 다니거나 사회 활동을 하고 있는 사람들이라면 이 말에 바로 고개를 끄덕일 것이다. 앞서 가는 사람들은 대개 글쓰기 능력도 수준급이다. 너무 과장하고 비약하는 건 아니냐고? 결코 그렇지 않다. 글쓰기 능력은 성공을 꿈꾸는 사람들이라면 반드시 갖춰야 할 필수적 자질임을 잊어서는 안 된다.

 비즈니스에서도 글쓰기의 중요성은 더욱 커지고 있다. 비즈니스 이메일에서부터 보고서, 기획서, 사업 계획서, 제안서, 프레젠테이션 문서 등까지 업무적으로 써야 할 글도 꽤 많다. 실제로 중요한 비즈니스 커뮤니케이션은 주로 문서로 이뤄진다. 문서는 문장력이 아니라, 분석력과 정리력으로 쓰는 것이다. 다시 말해 비즈니스 페이퍼에서 중요한 것은 문학적 글재주가 아니라 기능적인 글쓰기 능력, 즉 비즈니스 라이팅, 테크니컬 라이팅이이라는 뜻이다. 간혹 문서의 형식에만 집중하는 이들이 있는데, 페이퍼 파워는 '페이퍼에 담긴 내용의 힘'이지 '페이퍼를 포장하는 형식의 힘'은 절대 아니다. 물론 형식의 힘을 배제하진 못하지만 내용의 힘을 넘어서진 못한다. 결국 우리에게는 화려한 문장이 아니라 정확하고 설득력을 가진 내용이 필요한 것이다.

  글쓰기가 필요한 영역은 비즈니스뿐만이 아니다. 자신의 개인 브랜드를 만들어 가기 위해 필요한 매체에 기고를 하거나 책을 쓰기 위해서는 물론, 웹 사이트나 미니 홈피, 블로그 등 온라인 공간을 운영하거나 자신이 주도하는 온라인 커뮤니티를 하나 가지려 해도 수많은 글을 써야 한다. 이렇듯 우리에게 글 쓸 기회는 계속 많아지고 있고, 글 쓰는 능력이야말로 앞서 가는 사람들에게는 필수적인 능력이 되고 있다. 실제로 글쓰기 능력의 필요성은 과거에도 매우 많이 요구되었다. 다만 디지털 시대를 맞게 그 요구가 전 방위로 확대되고 있는 것이다. 어떤 분야, 어떤 직업을 가지더라도 글쓰기 능력은 요구된다. 그리고 그 능력의 수준에 따라서 개인이 성취할 수 있는 성공의 수준이 달라질 수 있음을 기억해야 한다. 글쓰기 능력은 결코 간과해선 안 될 성공의 비밀이자 경쟁력이다.

세상의 중요한 일은
모두 문서로 처리된다

　말과 글의 가장 큰 차이점은 무엇일까? 아마도 말은 이리저리 퍼지면서 살이 붙거나 떨어지는 등 왜곡되기도 하지만, 글은 온전히 그 상태 그대로 유포되기에 왜곡이 없다는 점일 것이다. 그래서 중요한 일은 모두 문서로 처리된다.

　구두로 보고·공유하는 것과 페이퍼로 보고·공유하는 것에는 명백한 차이가 있다. 전자는 소규모, 후자는 대규모의 공유가 가능하고, 후자는 전자보다 출처가 명확하게 밝혀지기에 메시지의 후광을 온전히 작성자의 것으로 만들 수도 있다. 글의 중요성 때문에 대통령 업무 보고, 장관 업무 보고, 국회 감사 등 정치권의 주요 업무는 모두 문서를 중심으로 이뤄진다. 국가적 중대사의 중심에도 문서가 있는 것이다. 따라서 문서를 잘 다루는 사람이 국가 중대사에서도 더 많은 영향력을 발휘하거나 더 중요한 역할을 수행할 여지가 많다.

　기밀 사항은 대개 문서로 기록되어 보관된다. 아무리 중요하고 비밀스러운 내용이라도 문서화되지 않는다면 기밀로 관리하기 어렵다. 간혹 기밀문서가 유출되어서 기존의 상황이 새로운 국면을 맞는 경우도 있다. 어떻게 보면 '유출 위험성도 있는데 왜 문서로 만들어 두었을까?' 싶을지 모르겠지만, 이는 바꿔 말하면 그만큼 비밀스러운 사항이었기에 문서로 만든 것이라고 생각해도 될 것이다. 실제로 회사의 모든 일은 문서로 시작해서 문서로 끝난다고 해도 과언이 아니다. 문서화되지 않으면 공유도 없고, 기술적·산업적 진화도 없기 때문이다. 때문에 이와 같은 페이퍼, 즉 각종 설계도나 특허, 회사 대외비 등 문서화된 정보들은 산업스파이들의 표적이 되기도 한다.

　또한 영화나 드라마, 게임 등은 페이퍼가 있어야 존재할 수 있는, 즉 대본이 반드시 필요한 산업이다. 콘텐츠 산업이 커지고 중요해질수록 페이퍼 파워의 중요성도 커진다는 뜻이다. 가장 중요한 것은 스토리, 특히 종이 위에 옮겨진 스토리다. 그것이 있어야 배우도 참여하고, 투자도 이뤄지고, 콘텐츠도 만들어진다. 미디어, 언론, 출판, 교육, 학문 등이 모두 기록된 페이퍼가 없이는 발전할 수 없다. 지금 우리가 알고 있는 어떠한 것들도 페이퍼가 없었다면 절대로 현재의 그것이 되지 못했을 것이다.

　그만큼 중요한 문서임에도 불구하고, 그것을 작성하는 인간이라는 존재는 간혹 작은 실수를 저지르곤 한다. 그러나 그 실수의 대가는 가혹하다. 아무리 유명하고 실적 좋은 회사라 해도 경쟁 입찰을 하는데 입찰 참여 서류에서 실수를 하면 다 잡은 고기도 놓친다. 아래 기사의 내용은 페이퍼에서의 어이없는 실수가 입찰 실패로 이어진 예에 해당한다.

> 세계 최고 수준으로 꼽히는 프랑스 전선 업체가 입찰서에 2를 7로 잘못 적는 작은 실수로 3,000억 원대 사업을 놓치게 됐다. 넥상스는 한전이 지난해 9월 발주한, 총 공사비가 3,281억 원에 달하는 진도와 제주 간을 연결하는 해저 전력 케이블 사업 입찰에 참여했다. 입찰에는 넥상스 외에 일본의 제이파워시스템사, 한국의 LS전선 등도 참가했다. 당시 입찰서 주요 기술 규격 사항에는 해저 케이블을 연결하는 접속점을 2개 이하로 해야 한다고 명시돼 있었다. 넥상스는 입찰서에 접속점을 2개 이하로 하겠다고 적기만 하면 되는 것인데 그만 실수로 7개 이하라고 기재하고 말았다. 넥상스는 입찰 마감이 지난 뒤 '오기(誤記)' 사실을 알고 수정된 입찰서를 내려 했으나 한전 측은 국제관례를 들어 접수를 거부했다. 대형 해저 케이블 공사는 유럽 업체들이 세계 시장을 석권하고 있고 이번에도 넥상스의 수주가 유력했으나 결국 넥상스는 탈락했고 LS전선이 사업을 수주했다. 국내 업체의 수주는 이번이 처음이다.
>
> (장은교, '2를 7로 쓰는 바람에… 날아간 3,000억대 사업', 「경향신문」, 2009.4.4.)

이처럼 페이퍼를 소홀히 하는 기업은 수천억대의 손실을 볼 수 있다. 국가도 마찬가지다. FTA 협상 같은 중요한 협상에서 페이퍼를 소홀히 하면 막대한 국익의 손실이 일어남은 물론, 관련 분야 종사자들의 미래마저도 암울해진다. 페이퍼는 공식적인 기록이고, 사소한 실수 하나에 희비가 엇갈릴 수도 있는 것이기에 오탈자에서부터 조사(助詞) 하나까지도 꼼꼼하게 살펴야 한다.

가장 강력한 페이퍼라고 할 수 있는 신문에서도 실수를 저지르곤 한다. 만우절의 재치 있는 거짓말 기사를 다른 신문사에서 실제 사건으로 오인, 인용하여 마치 사실인 것처럼 보도했다가 망신을 당하거나, 오탈자가 팩트(fact)를 심각하게 왜곡하기도 한다. 그러므로 페이퍼의 힘이 강력할수록 실수에 대한 대가도 치명적임을 잊지 말고, 신중하고 세심하게 페이퍼를 나눠야 한다.

분야를 막론하고 세상의 중요한 모든 일은 문서로 처리되기에 사람들은 문서와 관련한 여러 가지의 테크닉을 익히고자 한다. 이런 필요를 바탕으로 생겨난 페이퍼 관련 시장과 산업은 점점 커지고 있다. 각종 서류 양식 및 리포트 DB 비즈니스, 사업 계획서나 제안서 및 PT 슬라이드를 대신 만들어 주는 비즈니스가 대표적인 예다. 페이퍼는 누구나 만들어야 하고, 그렇기에 참고 사례들을 제공하는 서비스나 작성 대행 서비스를 유료화한 것이다. 이의 연장선상으로 비즈니스 라이팅 교육 수요도 늘어나면서 하나의 시장으로 자리 잡았다. 대필 작가도 페이퍼 파워는 알지만 글쓰기 능력이 부족하거나 너무 바쁜 사람들을 위해 탄생한 새로운 직업이다.

소프트웨어 시장에서도 페이퍼는 비즈니스 기회가 된다. 가장 대중화된 컴퓨터 소프트웨어는 문서 작성 프로그램이고, 오피스 프로그램이나 문서 저작 툴은 모든 사람들에게 필수다. 오피스 프로그램은 컴퓨터마다 설치되어 있다고 해도 과언이 아니니, 적어도 세상에 존재하는 컴퓨터 대수만큼 오피스 프로그램의 수요가 형성되어 있는 셈이다. 이미 우리가 오피스 프로그램을 갖고 있다는 것 자체만으로도 페이퍼를 만드는 일이 얼마나 우리에게 보편적이고 기본적인 일인지를 알 수 있다. 상황이 이런데도 당신은 페이퍼 파워를 가지지 않을 텐가? 이럼에도 자신의 경쟁력이자 무기가 될 페이퍼 파워를 가지기 위해 노력하지 않을 텐가?

인터넷 브라우저 시장을 장악한 MS의 힘은 빌 게이츠의 보고서였다

 빌 게이츠 MS 회장은 1년에 두 번 정도 '생각 주간(Think Week)'을 가진다. 그는 이 기간에 캘리포니아 외딴 호숫가에 있는, 백양목으로 둘러싸인 소박한 별장에서 새 아이디어를 정리하고 미래 전략을 구상한다. 그의 '생각 주간'은 1980년대 할머니의 집을 방문해 조용한 분위기 속에서 MS의 전략에 관한 자료들을 읽고 생각을 정리하던 것에서 시작되었다고 한다.
 빌 게이츠는 1주일 남짓한 이 기간에, 직원은 물론 가족의 방문도 거절한 채 홀로 운둔하며 생각을 정리하는 일을 매년 꾸준히 해 오고 있다. 그는 이 기간 중 먹고 자는 시간을 제외한 거의 모든 시간을 직원들이 작성한 보고서나 업계 동향 및 새로운 아이디어를 담은 자료를 읽고, 이에 관한 자신의 생각을 정리해 관련자들에게 이메일로 알리고 지시한다. 이러한 '생각 주간'이 그의 창의적인 비즈니스 능력과 경영 능력을 집중적으로 발휘하는 기간인 셈이다.

1995년 MS가 인터넷 브라우저 시장에 진출, 그전까지 독보적 위치를 쌓고 있던 넷스케이프를 무너뜨리는 계기가 됐던 것은 빌 게이츠의 보고서 '인터넷의 조류(The internet tidal wave)'였다. 그런데 이 보고서의 토대가 마련된 때가 '생각 주간'이었고, 태블릿 피시, 보안성이 강화된 소프트웨어, 온라인 비디오 게임 사업에 대한 아이디어 역시 모두 '생각 주간'에서 시작되었다고 한다. 그러니 그의 '생각 주간'이 낳은 상상력과 전략이 오늘날의 MS를 있게 한 원동력이 된 셈이다. 그는 '생각 주간'을 통해 수많은 보고서를 흡수·분석하고, 자신의 직관과 판단을 담은 새로운 보고서를 만들어 냈다. 즉, '생각 주간'은 보고서로 시작해서 보고서로 끝나고, 이 새로운 보고서가 결국 MS의 사업 방향이나 미래에 영향을 줄 중요한 기준이 되어 왔던 것이다.

만약 빌 게이츠의 '생각 주간'이 없었더라면, 그래서 그의 보고서가 탄생하지 않았더라면 지금의 MS가 존재할 수 있었을까? 결국 보고서의 힘을 잘 알고 잘 활용했기에 빌 게이츠가 오늘날의 MS를 만들고, 또한 그 자신도 세계 최고의 갑부가 될 수 있었던 것이라고 해도 결코 비약은 아닐 것이다.

맥킨지는 어떻게 이전에는 없었던 경영 컨설팅 시장을 만들었을까?

1926년 제임스 맥킨지(James O. McKinsey)가 맥킨지를 설립했을 당시만 해도 경영 컨설팅 시장이란 것은 존재하지 않았다. 때문에 맥킨지라는 작은 회사가 향후 비즈니스 업계에 어떤 영향을 미칠지는 아무도 상상치 못했고, 이 회사가 하려는 비즈니스가 성공할지도 미지수였다.

그런데 맥킨지는 놀랍게도 시장을 만들어 냈다. 설립한 지 80년이 지난 현재까지 굳건히 존재하고 있으며, 심지어 「포춘(Fortune)」이 선정한 세계 상위 1,000개 기업 중 3분의 2 정도를 고객사로 하는 글로벌 컨설팅 회사로 우뚝 섰다. 과연 맥킨지는 어떻게, 경영 컨설팅에 돈을 써야 하는지에 대한 공감도 없었고, 경영 컨설팅이라는 것 자체도 수요가 없던 시대에 존재하지 않던 새로운 시장을 만들어 냈을까? 지식이 산업이 된다는 생각도 별로 없던 시대, 아직 초기 성장 단계이던 산업 사회에서 어떻게 지식 창조 산업을 꽃피웠을까?

그 시작에는 바로 보고서가 있었다. 처음 시작한 비즈니스이자 최초로 경영 컨설팅이란 상품을 내건 맥킨지로서는 우선 사람들에게 그것의 필요성을 공감시켜야 했다. 때문에 맥킨지는 경영 컨설팅이 무엇인지를 몰랐던 사람들에게 업종과 기업에 대한 분석 보고서를 무료로 제공하기 시작했다. 향후의 고객 수요를 끌어내는 사전 단계가 필요했던 것이다. 물론 보고서는 일종의 맛보기 전략이었기 때문에 계속 무료로 제공되는 것은 아니었다. 그러나 전문적인 경영 분석이나 업종 동향 보고서라는 것을 처음으로 손에 받아 든 당시 경영자들로서는 그것이 매우 획기적인 경험이었을 것이고, 이는 곧 컨설팅 계약으로 이어졌다.

맥킨지에 있어 보고서는 컨설팅 사업 시작의 매개체이자 결과물이었다. 다시 말해 보고서, 즉 페이퍼 파워는 새로운 시장과 강력한 브랜드의 창출을 가능케 했던 맥킨지의 가장 강한 무기였던 것이다.

참고로 맥킨지식 보고서는 신뢰할 수 있는 통계 자료를 통해 사실에 바탕을 두어 설명하고, 이해하기 쉬운 도식을 활용함으로써 종이 한 장만으로도 명쾌하고 간결하게 분석 결과를 고객에게 전달하며, 앞으로 취해야 할 전략까지 제시한다는 특징이 있다. 좋은 컨설팅 보고서는 양이 아닌 질의 문제이고, 추정이나 주관적 판단이 아니라 근거에 따른 객관적 판단을 내려야 하며, 문제가 아닌 대안을 제시해야 한다는 것을 맥킨지 보고서는 잘 보여 주고 있다.

맥킨지의 설립자인 제임스 맥킨지는 제1차 세계 대전이 끝난 후 공인 회계사 시험에 합격하고 여러 곳에서 강의를 하며, 1919년부터 저술 활동을 시작했다. 그는 첫 번째 책인『수입과 초과 이익에 관한 연방세법』을 시작으로『회계 원칙』『부기와 회계』『조직과 방법론』『재무관리』『예산 관리』『경영 재무 관리』『경영학』『관리 회계』등 여러 저서를 집필한 이후 1926년에 맥킨지를 설립했다. 공인회계사로서 회계 관리와 경영 관리의 전문성을 컨설팅 사업으로 연결시킨 것인데, 여기서도 그가 컨설팅 회사를 설립하게 된 가장 중추적인 배경에는 그의 저서들이 있었음을 알 수 있다. 경영 컨설팅에 있어 가장 중요한 자산인 전문성과 함께 자신의 지식을 체계적으로 정리한 저서를 다수 집필한 최고의 컨설턴트는 바로 제임스 맥킨지 자신이라는 점을 설득할 수 있었던 것이다. 맥킨지가 초기 시장을 잡는 방법으로 사용했던 보고서 전략은 페이퍼 파워를 가진 제임스 맥킨지에게도 아주 당연한 접근법이었던 셈이다.

이와 유사한 사례로 국내의 '팀인터페이스'라는 회사를 들 수 있다. 1996년 설립되었다가 2000년에 법인으로 전환하며 본격적인 사업을 펼친 팀인터페이스는 국내 UI(User Interface) 산업의 선도 주자(다른 말로 표현하자면 '시장이 없던 시기에 시장을 만들어 내기 위해 고군분투하는 사람들')다. UI에 대한 산업적 관심과 수요는 2000년대 들어 비로소 만들어졌고, 그 후 웹 사이트와 어플리케이션 소프트웨어,

제품, 모바일 기기와 디지털 디바이스 등 다양한 영역에서 UI 컨설팅과 설계에 대한 수요가 발생하기 시작했다.

흥미로운 것은 UI 산업의 수요를 만들어 내는 것은 선도 업체의 몫이고, 선도 업체가 가진 무기가 바로 페이퍼였다는 것이다. 실제로 팀인터페이스도 2001년에는 세계적인 UI 전문가인 제이콥 닐슨의 『성공하는 웹 사이트, 실패하는 웹 사이트』를, 2002년에는 『Uidesign.co.kr』이라는 책을 직접 저술, 출간했다. 이 두 권의 책은 UI 산업의 수요를 부추김과 동시에, UI 업계에서 팀인터페이스를 가장 강력한 브랜드로 만들어 주었다. UI를 생각하면 가장 먼저 떠오르는 책의 관련자이자 회사가 된 것이다. 선도 업체 팀인터페이스가 페이퍼를 통해 업계에서 강력히 구축한 브랜드 효과는 이후 UI 산업에서 안정적인 프로젝트 수급으로 이어졌을 가능성이 크다.

만약 팀인터페이스가 책이나 보고서를 내세우지 않았더라면 국내 UI 산업의 초기 수요를 장악하거나 업계의 대표 브랜드로 강력한 선점 효과를 누릴 수 있었을까? 맥킨지라는 브랜드가 가장 강력한 경영 컨설팅 회사의 브랜드가 된 것처럼, 팀인터페이스도 국내에서 가장 강력한 UI 회사의 브랜드다. 두 회사는 공통적으로 전문성을 바탕으로 하는 컨설팅을 상품으로 내세웠고, 그 상품의 가치를 초기에 돋보이게 하기 위해 페이퍼를 활용했다. 새로운 시장을 만들어 내는 힘, 업계 내에서 가장 강력한 브랜드로 만들어 내는 힘을 페이퍼 파워에서 찾은 것이다. 페이퍼는 두 회사의 가장 충실한 영업사원이자 1등 마케팅 전략이었다.

리쿠르트는 어떻게 주목받는 회사가 되었을까?

일본의 취업 정보 회사 리쿠르트는 아르바이트 자리를 찾던 한 대학생 에조에 히로마사가 설립한 업체다. 학비를 벌기 위해 아르바이트를 구하던 그는 좀처럼 일자리를 찾지 못해 고민하다 아예 대학생 아르바이트 정보를 제공하는 잡지를 만들어 버렸다. 직접 느낀 '정보 부족'이라는 불편을 자신만의 사업 기회로 바꾼 것이다.

훗날 리쿠르트를 성장시켰던 일등 공신은 「리쿠르트 북」이었는데, 이 비즈니스 모델은 그가 도쿄대 재학 시절에 구상했던 것이다. 1962년부터 출간된 「리쿠르트 북」은 게재를 원하는 기업으로부터 돈을 받고 기사를 실어 주는 반면 독자에게는 무료로 제공되는 정보지였는데, 당시로는 획기적인 출판물이었다. 이 덕분에 리쿠르트는 일본의 거품 경제 최고조기 때는 무려 1만 3,000여 회사의 기업 정보를 싣는 등 일본 최고의 취업 정보 업체로 부상했다. 「리쿠르트 북」은 1999년부터 오프라인에서의 출판물 대신 인터넷 취업 정보 사이트로 재탄생했다.

「리크루트 북」이라는 페이퍼와 더불어 '보도 자료'라는 또 다른 페이퍼도 리쿠르트의 성공에 크게 기여했다. 보도 자료는 누구나 낼 수 있지만, 언론 매체의 관심을 받을 보도 자료는 그중 소수에 불과하다. 그러나 매체의 관심을 끌고, 매체가 활용할 만한 보도 자료라면 아주 매력적인 기업 홍보 수단이 될 수 있다.

그중 가장 인기가 높은 것은 바로 '통계 수치'를 포함한 보도 자료다. 리쿠르트는 통계 자료를 이용한 보도 자료로 회사 인지도를 단숨에 끌어올리며 마케팅 효과를 극대화한 대표적 사례다. 조그만 신생 업체였을 때에도 리쿠르트는 거의 매일 매스컴에 노출되었는데, 그것은 대개 '설문 조사 결과'라는 통계 자료를 포함하여 배포한 보도 자료 덕분에 가능했다. 통계 자료는 왠지 객관적이고 신빙성이 있어 보인다는 점을 공략한 것이다.

리쿠르트는 구직자들의 학력과 희망 연봉 및 선호 회사, 직장인들이 좋아하는 상사와 싫어하는 동료 등 취업 정보 회사의 콘셉트에 맞는 다양한 설문 조사를 거의 매일 시행하여 그 결과를 보도 자료로 만들어 냈다. 이런 간단하면서도 잦은 설문 조사는 표본 수가 적거나, 신뢰도가 오차 범위를 훨씬 넘거나, 질문이 특정 답변을 유도할 가능성이 높다. 하지만 그런 조사 결과에서 신뢰도의 높고 낮음은 중요하지 않았다. 언론 매체들은 그 조사의 신뢰도를 따지기보다 그것을 인용하여 알리는 데에만 급급했기 때문이다. 결과적으로 취업 관련 정보가 필요한 언론사로서는 리쿠르트가 최고의 정보원이었던 셈이다. 언론사는 통계 수치가 포함된 새로운 정보를 늘 공짜로 얻어서 좋고, 리쿠르트는 신문의 취업 관련 기사에 늘 리쿠르트라는 회사의 이름이 노출되어서 좋았다. 서로의 필요가 딱 맞아떨어진 것이다.

국내에서도 통계 자료를 이용한 보도 자료를 가장 열심히 쏟아 내는 두 곳은 아마도 취업 정보 회사와 결혼 정보 회사일 것이다. 신문을 보다 보면 가장 자주 나오는 통계 자료가 취업이나 남녀 관계에 대한 설문 조사 결과라는 것을 발견할 수 있다. 별의별 시시콜콜한 것들까지 사람들에게 묻고, 신뢰도는 전혀 고려되지 않은 채 그 결과는 통계 자료로 인용되며 매체에 노출되고 있다. 이것도 통계 자료 마케팅인 셈이다. 매체와 독자 모두 통계 자료에는 약하기 때문이다. 대화에서 통계 자료를 언급하면 훨씬 설득력 있고 객관적으로 들리는 이유도 이와 마찬가지다.

만약 리쿠르트에게 「리쿠르트 북」과 보도 자료를 활용하는 페이퍼 파워가 없었다면 어땠을까? 아마 오늘날 우리가 기억하는 리쿠르트가 존재하지 않았거나, 존재했더라도 1960년대에 잠깐 나타났다 사라진 기업이 되었을 수도 있다. 일본 최고의 취업 정보 회사로 50년 가까이 유지될 수 있었던 리쿠르트의 성공의 비밀은 바로 페이퍼 파워인 것이다.

광고 회사의 보고서는
소비를 유도한다

　불황이 오면 미니스커트 유행을 다루는 기사가 신문과 방송에 유독 자주 등장한다. 그런데 그 기사의 정보원을 보면 대개 광고 회사나 패션 관련 기업인 경우가 많다. 미니스커트와 불황의 관련성은 화장품 회사의 보도 자료, 소주와 불황의 그것은 소주 회사의 보도 자료에서 나온 경우가 많다는 뜻이다. 대개 사회 현상과 소비를 연관시키거나 새로운 소비문화를 소개하는 보도 자료나 보고서는 광고 회사나 해당 업종에 해당하는 기업이 만들어 낸다. 하여간 자사에 유리한 트렌드를 유포하기 위해 보고서와 보도 자료를 활용하는 기업들에게 있어 보고서와 보도 자료는 매우 강력한 마케팅 무기인 것이다.

도대체 와인 족은 누구고, 줌마렐라는 누구냐?

개인적·사회적으로 잘 통합되고 성숙한 45~64세 중장년층을 말한다는 '와인(WINE, Well Integrated New Elder) 족'은 광고 회사에서 만들어 낸 신조어다. 이들은 와인 족이 '자기 삶을 돌아보며 적극적으로 자기 삶 가꾸기에 나서는 사람들'이라는 정의도 내린다. 즉, 어느 정도 경제적 여유가 있는 중장년층에게 자기에게 아낌없이 투자하라는 메시지를 전달함으로써 소비 욕구를 부추기려는 의도가 포함되어 있다. 와인이라는 단어 때문에 술을 좋아하는 사람들을 지칭하는 것처럼 보이지만, 이 단어는 귀에 익은 어감을 불러일으키기 위해 쓰인 것이다. 또한 와인은 고급스러운 술이라는 이미지를 가지고 있기 때문에, 왠지 사회적·경제적으로 여유 있는 중장년층들의 이미지를 연상하게 하는 것도 수월하다고 판단했을 것이다.

또 다른 신조어 중 하나인 '줌마렐라'는 아줌마와 신데렐라의 합성어로, 가정생활과 육아 경험이 풍부한 30~40대 여성을 일컫는다. 이 단어의 정의는 '신데렐라처럼 예쁘고 적극적으로 삶을 가꾸는 아줌마'인데, 이 또한 30~40대 주부들에게 '자신을 위해 돈 좀 쓰라'고 소비를 유도하는 의미를 담고 있다. 즉, 가족을 위해 희생만 할 것이 아니라, 이제는 패션과 뷰티, 다이어트, 교육, 취미, 여행 등 자신에게 투자하는 줌마렐라가 대세이니 동참해 볼 것을 권하는 것이다.

'줌마렐라'의 50~60대 버전에 해당하는 '와인 맘'도 있다. '와인 족' 중에서 여성 중장년층을 가리키는 것이기도 하는 이 단어는 자녀 양육에서 벗어나 노후를 즐기는 50~60대 여성들을 뜻하기도 한다. 일각에서는 뮤지컬 〈맘마미아〉가 한국에서 인기를 얻은 이유 중의 하나로 와인 맘들의 호응을 들기도 했다. 실제로 〈맘마미아〉 관객의 50% 이상이 40~50대 여성이었다. 보통 20~30대 여성이 뮤지컬의 주류 관객인 점에 비춰 보면 〈맘마미아〉는 중장년층의 뮤지컬 소비로 수혜를 받은 것임이 분명하다. 자녀가 대학에 가거나 독립을 하면서 시간적·정신적·경제적 여유를 확보한 엄마들은 자신을 위한 투자와 소비에 좀 더 관대해질 수 있다. 때문에 이들을 겨냥하여 '와인 맘' 트렌드를 퍼뜨리며 그것에 뒤처지지 말 것을 암묵적으로 강요하고 유도하고 있는 것이다.

이렇게 신조어를 남발하는 광고 회사의 보고서, 각종 소비자 조사, 트렌드 등의 여러 조사 보고서는 원하는 광고와 마케팅 효과를 만들어 내는 데 활용된다. 이런 조사의 결과는 언론에 자주 인용되거나 새로운 트렌드인 양 소개되며 광고주들에게 유리한 여론을 만들고 있다. 실제로 신조어나 트렌드들은 기업 마케팅 부서나 광고 회사에서 작성, 유포되는 경우가 많다. 보고서나 보도 자료를 통해 촉발된 트렌드의 힘이 입소문을 통해 확장되는 것이다.

유로 RSCG, 메트로섹슈얼을 퍼뜨리다!

메트로섹슈얼(Metrosexual)은 패션에 민감하고 외모에 관심이 많은 남성을 이르는 말이다. 이들은 외모 가꾸는 것을 자연스럽게 생각해 피부와 헤어스타일에 시간과 돈을 투자하며, 다양한 문화 생활과 쇼핑을 즐긴다. 20~30대 초반의 도시 남성들에게 이러한 경향이 많이 나타나는데, 패션 감각이 뛰어난 이들은 유행을 이끌어 가며 패션 산업의 새로운 소비층으로 떠올랐다.

메트로섹슈얼은 한 광고 회사에서 퍼뜨린 용어로, '지금 트렌드는 메트로섹슈얼'이라는 내용의 보고서를 내고 그것이 언론을 통해 복제되어 확산된 것이다. 이 광고 회사는 문화 비평가의 글에서 찾아낸 이 단어를 새로운 소비 촉진의 아이콘으로 만들어 냈고, 확산 및 유포를 통해 실제로 소비 트렌드로 연결시켰으며, 관련 산업의 직·간접적인 매출 증진에 기여했다. '글'에서 키워드를 찾아내는 데 그치지 않고 그것을 자신들에게 유리한 새로운 '글'로 다시 만들어 퍼뜨린 것이다.

지금 우리가 보편적으로 알고 있는 메트로섹슈얼의 정의는 유럽의 광고 대행사 '유로 RSCG'가 2003년 재정의한 것인데, 본래 이 단어는 영국의 문화 비평가인 마크 심슨(Mark Simpson)이 1994년에 일간지 「인디펜던트(Independent)」에 기고한 글에서 처음 사용했다. 하지만 당시 그는 메트로섹슈얼에 대해 '실재하지 않은 허구로 소비 자본주의가 부추긴 허상'이라고 했으며, 그후 2002년에는 메트로섹슈얼을 게이나 양성애자일 수 있는 도시의 젊은 남자라고도 했다. 그는 결코 메트로섹슈얼과 소비문화를 결부시키지도, 메트로섹슈얼이 보편적인 트렌드라고 말하지도 않았다. 즉, 트렌드를 읽어낸 것은 아니라는 뜻이다.

반면 유로 RSCG는 메트로섹슈얼이 대도시나 그 주변에 밀집해 있다는 점에서 '메트로'이고, 자신의 여성스러운 면을 편하게 느낀다는 점에서 '섹슈얼'이라고 정의했다. 이 회사는 2003년에 '2004년에 예측되는 20대 트렌드' 중 4위에 메트로섹슈얼을 올려놓았는데, 그럼으로써 언론의 높은 관심을 받기 시작했다.

메트로섹슈얼은 다분히 패션과 뷰티 산업, 매스컴에서 조장되는 경향이 있기도 하다. '새로운' 소비문화인 메트로섹슈얼을 '보편적인' 트렌드인 것처럼 소개하기도 했기 때문이다. 사실 메트로섹슈얼이라는 트렌드를 얘기한 이후 메트로섹슈얼 관련 마케팅은 급격히 많아졌고, 소비자들은 메트로섹슈얼이라는 새로운 트렌드에 부응하기 위해 소비를 하게 되었다. 남자들은 외모에 더 많은 신경을 썼고, 패션과 화장품 업계에서는 남성 소비가 눈에 띄게 늘었다. 우리나라의 '꽃미남' 열풍도 메트로섹슈얼의 트렌드에서 비롯된 것이다.

메트로섹슈얼의 연장선에서 나온 테크노섹슈얼(Technosexual)은 지극히 소비문화 조장적인 용어다. 디지털 세대는 남녀를 막론하고 모두 테크노 섹슈얼적 경향성을 내포할 수밖에 없다. 디지털 세대에게 디지털 기기는 기술적 도구가 아닌, 문화적 도구이자 라이프스타일의 일부분이다. 따라서 디지털 기기에 대한 접근성을 굳이 메트로섹슈얼과 결합하여 '테크노섹슈얼'이라는 남성성을 규정한다는 것 자체가 명백히 소비 창출을 위해 의도된 시도인 셈이다. 상황이 이러하니 과연 진짜 유행하고 있기 때문에 트렌드라고 하는 것인지, 새로운 트렌드라고 제시함으로써 유행이 되는 것인지 모를 지경이다.

우리는 대개 언론 보도를 통해 새로운 트렌드, 특히 소비와 관련된 트렌드를 접한다. 그런데 언론에 그와 관련된 보도 자료를 제공하는 이들의 대부분은 광고 회사다. 무슨 족이니 무슨 세대니 하는 신조어도 대개 광고 회사 혹은 그와 관련된 제품을 판매하는 기업에서 만들어져 퍼지는 경우가 많다. 이쯤 되면 그들의 보고서나 보도 자료에 어떤 트렌드를 의도적으로 유도해 내려는 목적이 있는 것은 아닌지 의심해 볼 수 있다.

현대카드, 삼성전자, SK텔레콤, 국민은행의 공통점은?

기업들은 해마다 애뉴얼 리포트를 만든다. 연차 보고서, 연례 보고서라고도 하는 애뉴얼 리포트는 결산기가 끝난 다음 해당 1년간의 실적, 기말 시점에서의 재정 상태 등을 망라해서 주주에게 보내는 보고서를 말한다.

현대카드, 삼성전자, SK텔레콤, 국민은행의 공통점은 모두 ARC (Annual Report Competition) 어워드에서 수상한 국내 기업이라는 것이다. 머콤(MerComm)사가 주관하며 '애뉴얼 리포트의 오스카 상'으로 불리는 ARC 어워드에는 매년 전 세계 2,000여 개 기업이 참가해서 우열을 가린다. 심사위원단은 세계적인 IR 및 재무 전문가, 디자이너, 작가들로 이뤄지고, 이들은 애뉴얼 리포트의 구성, 투명성, 기업 정보 공개 방식, 재무제표 표현 방법, 디자인, 창의력 등을 종합적으로 평가하여 수상 기업을 선정한다.

삼성전자와 국민은행은 2004년 ARC 어워드에서 각각 금상과 동상을 받았다. 현대카드·캐피탈의 애뉴얼 리포트는 2004년에 이어 2006년에도 신용카드 및 할부 금융 부문에서 금상을 차지했다. SK텔레콤은 2005년부터 2008년까지 4년 연속으로 금상을 받은 데 이어, 2008년에는 세 개 부문에서 대상을 수상하기도 했다. 삼성그룹의 애뉴얼 리포트는 2008년에 금상을 수상했다. 같은 해 삼성중공업의 애뉴얼 리포트는 금상을, 삼성증권 애뉴얼 리포트는 동상을 수상했다.

그렇다면 애뉴얼 리포트를 잘 만드는 기업이 성과도 좋은 걸까? 놀랍게도 세계적인 기업들은 ARC 어워드도 독차지하고 있다. 성과가 좋은 기업이 연차보고서를 잘 쓰는 것인지, 연차보고서를 잘 쓰는 기업이 성과도 좋은 것인지는 모르겠지만 결과론적으로 보자면 '애뉴얼 리포트를 잘 만드는 기업이 상대적으로 성과에서도 우수하다'고 할 수 있다.

실제로도 이것은 반드시 그럴 수밖에 없다. '잘 만들어진 리포트'는 디자인이 우수한 리포트가 아닌, '성과와 비전을 축약하여 효과적으로 표현한 리포트'를 의미한다. 그리고 애뉴얼 리포트는 그 기업의 성과와 비전을 고객과 투자자들에게 보여 주는 자료로서, '기업의 얼굴'이라고도 불리며 IR 활동에서 중요한 역할을 담당한다. 따라서 잘 만들어진 애뉴얼 리포트는 기업의 가치를 널리 알리거나 투자를 유치하는 데 큰 힘을 발휘한다. 기업 자체를 가장 집약적으로 세일즈하고 마케팅할 수 있는 수단이 바로 애뉴얼 리포트인 것이다.

    ARC어워드의 상을 받은 애뉴얼 리포트라면 IR 활동에서도 효과적인 무기가 될 수 있으며, 기업이 대외적으로 홍보하고 광고할 자랑거리가 될 수 있다. 기업의 애뉴얼 리포트가 가지는 본래의 목적은 상을 받는 것이 아닌, 고객과 투자자들에게 기업의 가치와 비전을 더욱 잘 보여 주는 것이다. 그러므로 이왕 만들어야 할 애뉴얼 리포트라면 뻔한 내용을 담아서 형식적으로 만들 것이 아니라, 그것이 가진 가치와 기회를 중요하게 고려해서 만들어야 한다는 것, 그것이 바로 ARC 어워드가 가진 의미가 될 것이다.

투자의 귀재 워런 버핏의 경쟁력은 보고서!

　투자의 귀재인 워런 버핏은 2005년 전미가족·학교·대학작문위원회(The National Commission on Writing for America's Families, Schools and Colleges)가 주는 작문상을 수상했다. 이 위원회는 2002년에 창립되어 매년 글쓰기에 많은 영향을 미치거나 좋은 글을 쓴 작가에게 상을 수여해 오고 있었는데, 2005년에는 뜻밖에도 문학 작품이 아닌 기업의 애뉴얼 리포트에, 그것도 투자자이자 경영자인 워런 버핏에게 수여한 것이다. 워런 버핏의 투자 회사인 버크셔 해서웨이의 애뉴얼 리포트가 '2005년의 가장 좋은 글'에 뽑힌 셈이다.

　심사위원들은 이 애뉴얼 리포트에 대해 '격의 없고 이해하기 쉬운 문체로 쓰여 예술과 작문 기술 향상에 기여했다'고 평했다. 실제로 워런 버핏은 수상 소감에서도 "오랫동안 떨어져 살아온 누이들에게 설명하듯이 애뉴얼 리포트를 썼다."라고 말했다고 한다. 투자 회사의 애뉴얼 리포트였지만 매우 쉽고 편한 문체로 작성했다는 것이다. 대개 투자 회사의 애뉴얼 리포트에는 각종 수치와 표를 비롯, 어려운 용어로 점철되는 경우가 비일비재하다. 때문에 고객들의 입장에서는 내용이 어려워 제대로 이해하기 어렵거나, 이해하더라도 아주 기본적인 내용에 국한되기 쉽다. 그런 점에서 버크셔 해서웨이의 애뉴얼 리포트는 투자자와 고객, 오피니언 리더들에게 보내는 기업 보고서에서 무엇이 중요한지를 다시금 되새기게 한다.

보고서는 보는 사람을 위해서 만들어야 한다. 다시 말해 '보는 사람이 이해하기 쉽게' 써야 한다는 것이다. 좋은 글은 문학 작품에서만 필요한 것이 아니라 애뉴얼 리포트를 비롯한 기업의 중요한 보고서에서도 필요하다. 보고서 하나가 새로운 투자자 유치 등 여러 비즈니스 기회를 만들어 줄 수 있기 때문이다.

누군가 워런 버핏에게 투자의 비법을 물었더니 "내가 하는 일은 그냥 읽고 전화하는 것입니다."라고 답했다는 일화가 있다. '아니, 겨우 그런 일만 해서 투자의 귀재가 되었다고?' 하고 의아해할지도 모르겠다. 그러나 그의 말은 사실이다. 투자와 관련된 정보를 읽고, 해당 회사의 담당자나 필요한 정보를 가진 사람과 전화하거나 만나서 묻고 얘기하면서 투자에 대한 판단을 내리는 것이 워런 버핏의 일이니 말이다. 다만 남보다 다섯 배는 더 많이 읽는다는 점, 남보다 더 날카롭게 정보를 분석하고 질문한다는 점에서 그는 다르다.

실제로 워런 버핏은 닥치는 대로 책을 읽는 독서광이라고 한다. 수많은 책에서 얻은 다양한 아이디어가 투자를 결정짓는 새로운 상상력으로 발휘되는 것이다. 그의 뛰어난 페이퍼 작성 능력은 결국 많이 읽는 능력, 잘 읽고, 날카롭게 질문하는 능력을 바탕으로 하는 것임을 알 수 있다.

보고서를 잘 쓰는 것만으로 그가 투자의 귀재가 된 것은 아니지만, 투자자들을 모으고 그들로부터 높은 지지를 받는 것의 배경에는 분명 뛰어난 보고서 작성 능력이 있다. 워런 버핏의 페이퍼 파워가 그를 세계 최고의 투자자로 만들었다고 해도 과언은 아닌 것이다. 세계적인 투자자가 글도 잘 쓰는 것이 아니라, 글을 잘 썼기에 세계적인 투자자가 될 수 있었던 셈이다.

3억 2,000만 원 들인 펀드 보고서와 섹시해지는 증권사 보고서

　자산 운용 보고서는 펀드가 고객 돈을 어디에 얼마나 투자했으며, 그 이유는 무엇인지 설명하는 보고서다. 그런데 펀드 투자자들에게 제공되는 기본적인 서비스인 이러한 운용 보고서는 그동안 난수표(亂數表)에 가까웠다. 이해하기 어려운 용어들이 난무하는 반면, 꼭 알고 싶은 투자 이유나 수익률 근거를 찾기 어려웠기 때문이다. 하지만 국내에서 장기 투자를 지향하는 펀드가 확산되면서 운용 보고서도 바뀌기 시작했다. 형식적인 보고서에서 보다 실용적이고 실질적인 보고서, 어렵고 딱딱한 보고서에서 쉽고 재미있는 보고서로 진화하고 있는 것이다. 이는 보고서의 힘을 제대로 발휘하기 위해서는 형식이 아닌 내용이 주는 실효성이 중요함을 깨달았기 때문이다.

대표적인 것이 2008년 발간된 한국밸류자산운용의 '밸류 10년 펀드'의 연간 운용 보고서다. 148쪽에 이르는 방대한 분량의 책이지만 어려운 용어나 난해한 표, 그래프는 거의 없다. 대신 투자한 회사 CEO의 인상 및 영업 환경과 특징을 쉽게 소개했다. 가령 삼성공조에 대해서는 '금고를 샀더니 그 안에 금고 값보다 더 많은 돈이 들어 있다.', 농약 제조 전문 업체인 경농에 대해서는 '농업은 죽지 않는다. 천천히 성장할 뿐이다.', 롯데제과는 '막강한 브랜드에 풍부한 현금과 주식·부동산까지 가진 욕심쟁이'라는 식으로 표현하고 설명한다. 이 연간 운용 보고서는 '재미있는 보고서'를 만드는 것을 목표로 13명의 펀드매니저가 2주일간 야근하며 완성한 것이라고 한다. 보고서 제작 비용은 총 3억 2,000만 원이었는데, 그중 2억 원은 회사가 부담하고 나머지는 펀드 자금에서 충당했다. 2007년도 순익이 28억 원에 불과한 회사가 보고서 하나를 위해서 2억 원이나 들인 것이다(참고: 최현철, '3억 2,000만 원 들인 펀드 보고서', 「중앙일보」, 2008.6.2.)

삼성증권은 보고서를 문서가 아닌 동영상으로 만들기도 했다. 판매 중인 펀드 가운데 가장 인기 있는 20여 개를 고르고, 펀드 매니저를 증권사로 불러 5~7분간 대담을 하며 쉽고 재미있게 펀드 운용 내역을 설명하는 방식이다. 삼성증권의 발표에 따르면, 보통 고객들에게 이메일을 보내면 13% 정도만 열어 보는 것에 비해 동영상 보고서의 개봉률은 30%에 이를 정도로 반응이 좋다고 한다. 페이퍼 파워는 주식 투자에서도 빛나는 것이다.

페이퍼의 힘은 글 쓰는 재주가 아니라, 치밀한 분석과 정확한 내용에서 나온다. 좋은 보고서는 투자를 성공으로 이끄는 효과적인 무기가 되는 것이다.

과거의 기업 분석 보고서는 형식적인 면도 많고, 과감한 소신을 보이기보다는 시장 분위기를 따라가는 경우가 많았다. 정확한 조사와 분석 없이는 자신 있게 의견을 내세우기도 어렵다. 아래 기사의 내용은 증권사 보고서의 좋은 사례에 해당한다.

> 2008년 9월 24일 키움증권 김지현 애널리스트는 셀트리온 분석 보고서에서 "셀트리온의 최저 시가총액은 1조 원, 경쟁사 생산 능력과 비교한 적정 시가 총액은 2조 원으로 추성된다."고 했다. 하지만 동료 애널리스트들조차 그의 보고서에 대해 냉소를 흘렸다. "내가 보기에는 최대가 1조 원이다."라는 비웃음도 들렸고, "회사를 너무 좋게만 보는 것 아니냐."라는 우려의 목소리도 들렸다. 당시 셀트리온의 시가 총액은 9,000억 원 수준이었는데, 보고서가 나가고 한 달 만인 10월 29일 셀트리온의 시가 총액은 5,740억 원 수준으로 하락하기까지 했다. 그러나 주가 하락 국면에서도 김 애널리스트는 의견을 굽히지 않았다. 실제로 몇 달 후인 2009년 2월에 시가 총액 1조 6,200억대로 코스닥 시가 총액 1위가 되며 시가 총액 2조 원에 다가가고 있었다. (중략) 김 애널리스트는 해당 회사나 공장 그리고 연구소를 10여 차

례가 보지 않고서는 보고서를 내놓지 않는다는 원칙을 갖고 있다.

(김명룡, '1등주 셀트리온, 나홀로 발굴 애널',
「머니투데이」, 2009.2.18.)

이와 더불어 보고서에서 중요한 것은 '얼마나 효과적으로 내용을 전달하는가'다. 전달을 잘하려면 읽는 이가 쉽고 흥미롭게 읽을 수 있도록 해야 한다.

최근 들어 증권사 보고서가 점점 '섹시'해진다. 야한 내용이 있다는 것이 아니라, 보다 직설적이고 자극적이며 재미있어진다는 뜻이다. '화씨지벽(和氏之璧)', '프로메테우스가 생각난다', '시지푸스의 바위는 사라진다', '한국 vs 프랑스 전의 네 가지 교훈', '하한가보다 더 두려운 세 글자', 'Hot Dog vs Fat Cat' 등은 증권사 보고서의 제목들인데, 도저히 내용을 보지 않을 수 없을 정도로 읽는 이를 유혹하는 멋진 제목이다.

'제목이 기발하고 유혹적인 보고서일수록 내용도 독창적이고 참신한 경우가 많다'는 것이 증권업계의 일반적인 평이다. 냉철한 분석력을 자랑하던 애널리스트들이 드디어 감성과 상상력을 덧붙여 보고서를 만들어 내고 있는 것이다. 매일 200~400개에 달하는 시황과 기업 분석 보고서가 쏟아지는 증권가에서 섹시한 제목과 창의적인 내용을 가진 보고서는 매우 중요한 경쟁력이 된다. 튀는 인재가 조직의 활력이듯, 튀는 보고서는 정보의 활력이다.

영업의 강력한 무기, 제안요청서

고객으로부터 어떤 일을 따 내고 싶은 영업 사원이라면 관련 보고서를 만들어 고객에게 먼저 그 일을 제안하는 것이 좋다. 고객 스스로가 필요를 느끼는 시점보다 한발 앞서 제안함으로써 자신이 그 일을 맡을 가능성을 높이는 것이다. 이것은 상대의 필요에 의해 나를 파는 것이 아니라, 내가 가장 팔기 좋은 것으로 상대의 필요를 유도하는 전략이다.

입찰 공고가 뜨기만을 기다리지 말고 프로젝트를 수주받고 싶은 회사나 업종을 정해서 먼저 제안하고 들어가라. 그리고 그 프로젝트의 필요성을 설득하고, 프로젝트가 입찰에 나오도록 만들어라. 중요한 것은, 제안할 때 반드시 보고서를 가져가야 한다는 것이다. 말이 아닌 보고서로 제안하되, 그 보고서는 클라이언트의 가려운 곳을 긁어 주는 것으로 준비해야 한다. 논리적인 근거를 갖추고 객관화시킨 보고서는 설득을 성공으로 이끄는 최고의 무기다.

몇 년 전, 미디어 에이전시인 ID369는 현대백화점 웹 사이트 구축 프로젝트를 수주하기 위해 국내외 백화점의 웹 사이트를 분석하고 그에 대한 개선안을 담은 보고서를 만들었다. 영업의 목적을 가진 보고서였으므로 엄청나게 많은 시간과 노력을 들인 것은 아니었으나, 그럼에도 불구하고 그 힘은 강력했다. 수준의 높고 낮음을 떠나 그런 내용을 다룬 보고서가 아예 없었기에, 존재 자체로 의미를 가졌던 것이다.

그 보고서는 현대백화점의 실무자와 경영진에게도 회람되었고, ID369는 보고서 내용을 비롯한 현대백화점 웹 사이트의 개선 방향에 대한 브리핑 기회를 얻었다. 이 과정을 통해 ID369의 이름은 매우 긍정적으로 각인되었다. 마침내 그 프로젝트의 입찰 공고가 났고, ID369는 공개 입찰에서 훨씬 규모가 큰 경쟁사들을 이기고 수주하게 되었다. 그 외에도 ID369가 국내외 호텔 웹 사이트를 분석하여 만든 보고서는 특급 호텔 관계자들에게 회람되었고, 그 결과 몇몇 호텔의 프로젝트를 수주할 수 있었다. 조그만 회사인데도 업계 분석 보고서를 만들어 그것을 영업의 무기로 삼았던 것이다.

뒤늦게 고백하자면 ID369는 필자가 자문하고 있는 회사다. 필자가 자문 계약을 맺고 가장 먼저 경영자에게 제시한 전략은 보고서를 작성하여 영업에 활용하는 것이었으며, 그 기획과 작성, 활용에 이르는 과정을 주도하며 경영자로 하여금 보고서에 투자할 것을 요구했다. 그것이 성공적인 마케팅 성과로 이어진 것이다.

당연한 얘기겠지만 제안 요청서, 즉 RFP(Request For Proposal)를 장악하면 수주 가능성은 높아진다. 그렇기에 RFP라는 페이퍼도 영업에서 중요한 무기다. RFP는 입찰 공고에서의 수주를 가늠하는 중요 기준이 된다. RFP가 어떻게 만들어졌느냐에 따라 회사의 상황이 타사보다 더 유리해지거나 불리해지는 것이다. 따라서 프로젝트를 수주하고 싶은 회사로서는 RFP 작성에 많은 관심을 가지는데, 대부분의 담당 실무자는 그 작업이 어렵고 복잡하다 여기기에 전문가의 도움을 받는 경우가 많다. 서로의 이해관계가 성립되는 것이다. 실제로 대신 써 주는 경우나 작성을 위한 가이드라인과 정보를 주는 경우도 많다. 다른 참여사에게 불리한 조항을 숨겨 놓기도 하고, 자신들이 준비한 제안에 가장 잘 맞는 RFP로 만들어 내기도 한다.

영업에서 보고서 활용은 각각의 실무 담당자들로 하여금 승진과 수주라는 윈-윈 효과를 거두게 한다. 가령 법인을 상대하는 한 보험 영업 사원이 '현재 귀사는 이러이러한 보험을 들어 얼마가 지출되고 있는데, 이것을 이렇게 재설계하면 비용은 줄어들지만 혜택은 더 많아진다' 거나, 기업의 전반적인 면을 분석해서 각종 리스크를 제시하고 그 리스크별로 필요한 보험을 다시 재설계해서 알려 주는 보고서, 즉 단순한 보험 상품 소개가 아니라 고객으로 삼고자 하는 기업의 입장에서 쓴 보험 현황의 분석 보고서를 만들어 공략 대상 기업의 담당 실무자에게 제시했다고 가정해 보자. 매년 수십억 원 이상의 돈을 보험금으로 지출하는 회사들도 많다. 그런 회사의 경영자라면 수혜는 그대로 유지하거나 더 확대시키면서 반대로 지출은 줄일 수 있는 결과를 찾아내는 담당 실무자에 대해 어떤 평가를 내릴까? 회사로서는 그 실무자를 높이 평가함은 물론 승진에서도 좋은 점수를 매길 것이다.

  법인 보험 영업 사원이라면 이런 보고서를 만들어 해당 기업의 보험 체결과 관련된 의사 결정에 힘을 실어 줄 부장급 혹은 임원급에게 제공하고, 그것이 부장 혹은 임원의 이름으로 그 회사 내에서 회람되고 경영자에게도 보고되게 만들어 보자. 결국 보고서를 대신 만들어서 그 부장과 임원이 사장에게 점수를 따게 만드는 것이기는 하나, 보고서로 자신의 가치를 인정받는 빚을 지게 된 부장 혹은 임원은 결국 다음 보험 계약 때 그 사원에게 보답하지 않을까? 이것이 보고서가 가지는 영업 파워이자, 규모가 큰 영업을 원하는 경우 반드시 보고서에 투자해야 하는 이유다.

김효준 BMW 코리아 사장의
결정적인 보고서

    김효준 BMW 코리아 사장은 1995년 BMW 코리아의 임원 입사 제안을 받고 다른 후보들과 독일에서 면접을 보게 되었다. 대개 최종 면접이 그렇듯, 후보들은 모두 쟁쟁한 사람들이었기에 누구를 뽑든 회사로서는 유능한 인재를 영입하는 것이었다. 김효준 사장은 증권, 보험, 제약 업계를 거쳤지만 수입 자동차 업계는 처음이었다.

    그는 면접장에 다른 후보들과 달리 '한국의 수입차 시장 현황'이라는 80여 쪽짜리 두툼한 보고서를 준비해 갔다. 보고서를 검토한 본사에서는 김 사장을 BMW 코리아 상무 이사로 영입했고, 이후 그는 1999년에 부사장을 거쳐 2000년에 대표 이사 사장이 되었다. 2003년에는 독일 BMW 그룹의 등기 임원이 되기도 했다. 본사 임원 중 유일한 아시아 인이라는 것도 특징적이지만 BMW 해외 지사의 사장이 본사의 등기 임원이 된 것은 매우 이례적인 일이라고 한다.

김효준 사장은 초고속 승진의 대표적인 사례이기도 하다. BMW코리아의 사장이 된 것이 40대 초반이고, 외국계 제약 회사인 한국신텍스에서는 30대에 이미 이사와 대표 이사를 거쳤다. 남들이 대리나 과장직에 있을 때 그는 이사와 사장직에 있었던 것이다. 과연 그의 성공에는 어떤 비결이 숨어 있는 것일까?

많이 알려져 있다시피 BMW코리아의 상무 이사가 되기 전까지 그의 최종 학력은 고졸이었다. 이후 대학을 다니고 박사 학위까지 받았지만, 그의 입사 및 초고속 승진에 그 학력이 작용한 것은 전혀 아니라는 것, 즉 그의 성공 비결에서 학력은 제외해야 한다는 것을 알 수 있다. 물론 그가 유독 외국계 회사에서만 일을 한 이유가 학력 때문이기는 하다. 자신의 능력을 발휘하며 가치를 드러낼 곳으로는 학력 지상주의 사회인 한국보다 외국계 회사가 유리했기 때문이다.

김효준 사장이 여러 신문 인터뷰에서 자신의 성공 요인을 물을 때 자주 인용하는 이야기가 있다. 그가 한국신텍스의 경리부 차장으로 있을 때, 당시 미국인 사장이 김효준에 대해 쓴 인사고과 평가서를 우연히 봤다는 것이 그것이다. 사장은 평가서에서 '차기 사장으로서 자질이 있다'고 그를 평가하며, 그 근거로 다방면에 실무 경험이 있다는 것과 지극히 상식적이어서 균형 잡힌 사고와 행동이 안정감을 준다는 것, 커뮤니케이션 능력이 뛰어나 문제 파악과 해결, 설득 능력이 남다르다는 것을 제시했다고 한다.

사장이 평가했던 그의 그와 같은 능력은 매력적인 페이퍼 파워로도 발휘되었다. 그는 2003년에 『나의 꿈은 Global GEO』라는 책을 출간한 바 있고, 2007년에는 박사 학위 논문인 「지식 이전의 흡수 능력과 동기 부여에 관한 연구」로 한국국제경영학회에서 우수 논문상을 받기도 했다. 페이퍼 파워는 김효준 사장의 입사, 승진, 경영 성과 증대, 그리고 자신의 브랜드 가치를 높이는 데서 모두 활용되고 있는 것이다.

데이터 저장 장치 전문 업체인 이메이션코리아의 CEO를 거쳐, 2007년부터 전 세계 이메이션 브랜드를 총괄하는 글로벌 브랜드 총괄 대표를 역임하고 있는 이장우도 페이퍼 파워를 가진 경영자다. 다수의 책을 낸 저자임과 동시에 매체에 칼럼도 많이 기고하는 그는 독서 경영 신봉자이기도 하며, 직원들의 도서 구매비는 무제한으로 지원하기도 했다.

무엇보다도 그의 페이퍼 파워가 발휘된 때는 그가 첫 CEO가 되었던 1996년이었다. 당시 그는 한국 3M의 부장으로 재직하고 있었는데, 이메이션코리아의 사장 채용 공고를 접하고 3M의 미국 본사 임원에게 자신이 이메이션코리아의 사장이 되어야 하는 이유를 담은 장문의 이메일을 보냈다고 한다(이메이션은 3M의 계열사다). 그것이 그로 하여금 이메이션코리아의 CEO가 되는 데 일조했음은 물론이다. 시의적절한 페이퍼는 매우 강력한 힘이 됨을 다시금 보여 주는 예라 할 수 있는데, 이와 관련된 흥미로운 기사의 한 구절을 인용해 본다.

> CEO나 임원의 96%가 '자신의 보고서 작성 능력이 승진에 영향을 끼쳤다고 생각하는가'라는 질문에 '그렇다'라고 답해 보고서 작성 능력이 승진의 필수 요소임을 보여 줬다.
>
> (고두현, '최대리 성공 비결 '보고서 쓰기'에 있었네',
> 「한국경제신문」, 2007.8.27.)

이직을 위해 면접을 보려는 지인들에게 필자는 늘 "그 회사에 정말 입사하고 싶다면 그 회사를 분석한 보고서나 그 회사를 위한 제안서 등을 하나 준비해 가라"라고 당부하지만, 실제로 실천하는 이들은 많지 않았다.

그러나 김효준 사장의 사례에서 보듯이, 잘 준비한 보고서 하나는 매우 강력한 무기가 된다. 물론 김효준 사장이 능력도 없는데 보고서만으로 CEO가 된 것은 결코 아니다. 하지만 분명한 것은 면접이라는 평가의 자리에서 보고서가 상당한 영향력을 미쳤을 것이라는 점이다. 면접 때 준비해 간 보고서가 주는 1차적인 메시지는 지원자의 태도와 성의다. 면접관 입장에서는 입사에 대한 지원자의 강한 의지와 열정, 성의를 느낌과 동시에, 보고서의 내용에서 지원자의 전문성과 준비성도 가늠할 수 있다. 때문에 지원자 입장에서는 짧은 면접 인터뷰에서 보여 주기 어려운 실력과 신뢰, 열정 등을 보고서 하나로 강력하게 어필할 수 있는 것이다.

만약 경력직 이직이나 임원급 채용 인터뷰를 해야 할 상황이 된다면 보고서 준비를 절대 잊지 말길 바란다. 당신이 정말 최종 합격자로 선택되고 싶다면 말이다!

'후쿠다 보고서'가 삼성전자를 바꿨다!

　매우 강력한 보고서의 예로 빼놓을 수 없는 것이 바로 '후쿠다 보고서'다. 이 보고서를 작성한 후쿠다 타미오(福田民郞) 교토공과대 디자인 학부 교수는 일본과 미국에서 산업 디자인을 공부한 디자인 전문가다. 그는 일본의 NEC디자인센터 및 전자 부품 전문 회사인 교세라(京セラ) 디자인실 경영전략팀을 거쳐 1989년 삼성전자 정보통신 부문 디자인 고문으로 영입되었다.

　그가 1993년에 작성한 '후쿠다 보고서'는 이건희 회장에게 제출한 56페이지 분량의 적나라한 내부 비판 보고서를 말한다. 그는 이 보고서에서 "삼성전자 같은 큰 규모의 회사가 신제품을 만드는데 상품 기획서가 없다.", "상품을 디자인할 때 A안, B안, C안은 출발부터 개념이 다른데도 윗사람들은 적당히 섞어서 제품을 만들라고 지시한다.", "느닷없이 사흘 안에 제품을 디자인해 달라고 주문한다." 등 디자이너를 바라보는 시각의 차이 및 디자인에 대한 인식 수준의 문제를 강도 높게 비판했다. 그는 보고서에서 '삼성에서는 디자인이라고 하면 패션 디자인만 떠올릴 뿐, 공업 디자인과 상품 디자인의 개념 자체에 대한 이해도 없다'는 지적을 비롯, 삼성전자의 상품 개발 프로세스에 관한 제언과 사업부제(事業部制) 실시에 따른 디자인 매니지먼트 방안 등도 제시했다고 한다. 한마디로 디자인에 대한 삼성전자의 인식 수준이 낮은 것에 대한 신랄한 지적이자 문제 제기였던 것이다(참고: 김용섭·전은경, 『디자인파워』, 김영사, 2009.).

이건희 회장은 이 '후쿠다 보고서'를 1993년 6월, 회의를 위해 프랑크푸르트로 가는 비행기 안에서 처음 읽었다고 한다. 이 회장은 보고서 내용뿐만 아니라, 본래 그 보고서가 1991년 10월부터 세 차례에 걸쳐 위로 전달되었음에도 불구하고 상부에 의해 그동안 묵살되었다는 사실에도 충격을 받았다.

사실 이 회장이 그 보고서를 읽은 시기도 매우 시의적절했다. 당시는 이건희 회장이 미국 백화점과 할인점의 전자 제품 판매 현장을 살피다가 삼성전자의 제품들이 3류 취급을 받으며 소비자로부터도 외면받고 있는 상황을 목격한 직후였기 때문이다. 자부심을 가지고 공들여 만든 제품들이 그런 취급을 받고 있는 것에 충격을 받은 이 회장은 사장단을 미국으로 불러 자신이 둘러봤던 코스 그대로 돌아

보게 했다고 한다. 그런데 그런 상황 직후 '후쿠다 보고서'에 의해 또다시 충격을 받은 것이었다.

　이런 충격이 삼성전자의 디자인 혁신을 위한 중요한 전환점이자 계기가 되었음은 자명한 사실이다. '마누라와 자식 빼고 다 바꾸라'는 '프랑크푸르트 신경영 선언'은 바로 그런 배경에서 나온 것이다. '신경영 선언'의 핵심은 바로 디자인 혁신이었고, 그것이 바로 삼성전자의 성장의 원동력으로 작용한 것이다. 그래서 일본 경제인들은 "만약 '후쿠다 보고서'가 없었더라면……." 하고 아쉬워한다는 후문도 있다. '후쿠다 보고서'가 촉발시킨 디자인 혁신 운동이 삼성전자의 눈부신 발전을 이끌면서 반대급부로 소니를 비롯한 일본의 전자회사들이 피해를 봤다는 이유에서다.

　1993년 이후 삼성전자는 디자인 혁신을 지향하며, 본격적인 디자인 경영을 하게 된다. 삼성전자의 노력은 2000년 이후 서서히 가시적인 결과로 나타나면서 세계적인 디자인상을 점점 더 많이 수상하기에 이르고, 브랜드 가치도 높아지며 세계 20위 수준까지 올라갔다. 당연히 매출도 2000년 이후 가파른 증가세를 이어 가고 있다.

　결과적으로 삼성전자의 오늘을 있게 한 것은 1993년 이후 본격적으로 추진하여 현재까지 이어지고 있는 디자인 혁신이다. 그리고 그 배경에는 '후쿠다 보고서'가 자리하고 있음은 분명한 사실이다. 이처럼 시의적절한 보고서 하나는 세계적인 기업의 혁신과 성장도 만들어 내는 놀라운 힘을 발휘한다.

메이저리그를 주무르는 에이전트, 스캇 보라스의 무기는?

메이저리그에서 가장 영향력 있는 인물을 꼽으라면 빠지지 않는 사람이 아마도 슈퍼 에이전트인 스캇 보라스(Scott Boras)일 것이다. 그는 거물급 선수들의 에이전트이고, 따라서 구단의 입장에서는 그가 관리하는 선수들과 계약을 할 수 있는가의 여부가 곧 다음 시즌의 성적과 직결되기 때문이다. 좋은 선수들이 모여 있는 야구팀은 좋은 성적을 내기도 쉽다. 뉴욕 양키스가 연봉 총액 1위를 고수하며 값비싼 선수들을 끌어 모으는 것도 그 때문이다. 선수를 이 구단에서 저 구단으로 옮겨 가게 하는 가장 큰 동기는 다름 아닌 연봉, 즉 돈이다. 때문에 거액의 돈을 들여야 하는 구단으로서는 계약하고자 하는 선수에 대해 더욱더 면밀히 분석하고 가치를 매겨야 한다. 이들 선수와 구단의 중간에서 서로의 필요를 채워 주는 것이 바로 에

이전트다.

　스캇 보라스는 페이퍼 파워를 잘 활용하는 사람이다. 그는 자신이 관리하고 있는 선수들의 연봉 협상이나 FA 계약에 앞서 늘 데이터에 근거하여 선수의 성적과 상품 가치 등을 정리한 설득적인 보고서를 만들기로 유명하다. 비슷한 평가를 받는 선수들의 연봉 수준과 성적 수준을 분석하기도 하고, 선수와 연관시켜 제시할 수 있는 경제적 효과나 상품 가치 등을 제시하기도 한다.

　이렇게 그가 작성하는 철저한 선수 분석 보고서를 위해 막대한 비용과 시간, 인력이 동원된다. 그가 매년 수많은 스타급 선수들의 거액 계약을 성사시킨다는 것은 그가 제시하는 선수의 분석 보고서가 매우 높은 신뢰도와 타당성을 가진다는 의미이기도 하다. 메이저리그 단장들에게는 공공의 적처럼 비춰지며 선수들 연봉의 거품을 조장하는 인물로 지탄받지만, 그럼에도 불구하고 그는 여전히 강력한 영향력을 미치는 인물이다. 그 힘의 근원이 되는 그의 보고서는 선수들에게는 막대한 경제적 이익을, 메이저리그 구단에게는 자신들에게 꼭 필요한 선수를 고르는 선택의 기회를 주는 셈이다.

　스포츠가 프로화·거대 산업화되면서 가장 발달한 것이 바로 선수에 대한 가치 평가다. 선수는 더 많은 몸값을 받으려 하고, 구단으로서는 최적의 몸값으로 최고의 선수를 데려오려고 하기 때문에 양측 모두 선수에 대한 객관적인 평가 자료를 필요로 하는 것이다. 이를 위해 나온 것이 통계다. 선수의 각종 통계를 바탕으로 하는 스카

우팅 리포트(scouting report)는 선수를 평가하는 기준이 되고, 이 보고서가 선수의 몸값을 좌우한다. 그렇기에 선수는 에이전트를 고용해 자신에게 최대한 유리한 보고서를 작성·유포하여 구단을 설득하게 하고, 구단은 팀의 입장에서 볼 때 가장 유리한 보고서를 만들고자 한다. 이처럼 프로 스포츠의 활성화가 스카우팅 리포트의 가치를 높이고 있다.

선수의 기록 및 장단점까지 자세하게 분석된 보고서는 상대팀에 대응하는 전략으로도 활용된다. 끊임없이 새로운 내용으로 업데이트되는 선수 분석 보고서는 시즌 중에는 승부를 위한 주요 정보로, 시즌 후에는 연봉 협상이나 이적을 위해 활용된다. 이것이 바로 프로 스포츠에서 보고서가 가지는 역할이다. 그러니 스캇 보라스처럼 보고서를 잘 쓰고 활용하는 에이전트는 물론 팀이나 선수에게 더 많은 기회가 주어지는 것은 당연한 일이다.

스캇 보라스가 만드는 것과 같은 철저한 분석 보고서는 연봉 협상에 나서는 일반 직장인들에게도 필요한 무기다. 자신이 1년간 쌓은 업무 실적, 회사에 기여했고 기여할 가치 등을 효과적으로 정리한 페이퍼를 가지고 연봉 협상 테이블에 서는 것과 빈손으로 서는 것은 다르다. 협상 테이블에서 말보다 강한 것이 바로 페이퍼다. 따라서 자신을 객관적으로 평가하고 가치를 매력적으로 그려 낸 보고서야말로 모든 직장인들이 필수적으로 작성해야 할 페이퍼다.

연봉 협상 전에 직원 업무 평가를 하면 대개 그 직전의 시점에 보였던 성과에 따라 결과가 크게 좌지우지될 가능성이 높다. 업무 평가는 1년 동안 매일같이 하는 것이 아니기 때문이다. 따라서 충분히 우수한 업무 수행을 했음에도 최근에 두각을 드러내지 못한 사람이라면 그와 반대로 평이하게 업무를 수행하다가 평가 시점이 되어 성과를 올린 직원에 비해 상대적으로 낮은 평가를 받을 소지가 높다.

이런 문제를 해결하는 것도 1년 치의 업무에 대한 객관적 평가를 담아낸 페이퍼다. 당당하게 자신의 가치를 주장하고 공정하게 평가받고자 한다면, 절대 빈손으로 협상 테이블에 나가지 마라.

비즈니스 기회를 만들고 싶다면
페이퍼부터 준비하라

　사업을 하고 싶다면 보고서부터 써야 한다. 새로운 사업 진출을 위해 가장 먼저 하는 것이 시장 조사 및 진출 타당성을 따지는 보고서를 만드는 것이다. 보고서는 조사 분석한 결과를 사내의 사람들과 공유하게 하는 것은 물론, 좀 더 구체적이고 명확한 경영진의 판단을 이끌어 내기 위해 필요하다. 보고서나 계획서 없이 의지와 열정, 욕심만으로는 새로운 비즈니스를 시작조차 할 수 없는 것이다. 결국 필요한 것은 페이퍼의 힘이다.

　벤처 기업의 투자 유치와 사업 계획서의 상관관계는 매우 크다. 사업 계획서가 투자 유치를 좌우한다고 해도 과언은 아니다. 야후, 구글, 네이버 등 지금은 세계적으로 자리 잡은 기업들은 벤처에서 시작했고, 사업 계획서를 통해 투자를 유치했다. 만약 사업 계획서가 매력적이지 않았다면 투자 유치가 힘들어져 지금보다 규모가 줄었을 수도 있고, 그로 인해 다른 경쟁사에게 시장을 빼앗기는 결과로 이어졌을지 모른다. 비즈니스에서는 운이 크게 작용하는데, 그 운을 만드는 주요 요인이 바로 페이퍼다. 운을 내 것으로 만드는 좋은 사업 계획서의 요건을 간단히 짚고 넘어가 보자.

1_ 투자에 필요한 사항들을 반드시 포함시킨다

사업 계획서는 사업을 준비함에 있어서 가장 중요한 지표가 된다. 단순한 아이디어만으로는 사업을 할 수 없다. 사업 계획서 작성은 사업 준비의 최종 단계이자 가장 중요한 과정이다. 체계적인 사업 계획서는 향후 체계적·단계적인 사업 전개를 용이하게 할 뿐만 아니라, 투자 유치에 있어서도 투자자를 설득시킬 매개로 작용한다. 사업 계획서의 형식이 고정되어 있는 것은 아니지만, 투자 유치 및 사업 목표 설정 등 그 역할이 중요하므로 사업 분야와 비즈니스 모델, 마케팅 전략과 시장 분석, 운영 계획 및 추진 일정에 관한 내용은 반드시 포함되어 있어야 한다.

2_ 이해하기 쉽게 만든다

최근에는 투자 유치를 위한 프레젠테이션용 사업 계획서 작성이 강조되는데, 텍스트의 나열보다는 그림, 표와 그래프, 핵심 개념의 노출 등을 통해 사업 계획서를 접하는 사람들에게 직관적이고 쉽게 이해될 수 있도록 하는 것이 중요하다. 따라서 어려운 전문 용어는 지양하고, 시각적으로 이해하기 쉬운 사업 계획서를 만들어야 한다. 물론 상세 근거 자료는 첨부하는 것이 좋다.

3_ 투명성과 타당성, 실천 가능성을 고려해서 만든다

사업 계획서는 객관적 타당성을 기준으로 작성되어야 한다. 더불어 전문가의 견해와 공신력 있는 자료를 첨부하여 보는 이로 하여금 내용에 강한 신뢰감을 느끼게 만들어야 한다.

사업 계획서 작성에서 가장 중요하게 고려해야 할 사항은 투명성이다. 실제로 사업 계획서를 통해 투자를 유치하고 향후 사업 계획의 마스터플랜을 구상하게 되므로, 불확실성과 불투명성, 주관적 논리에 의거해 작성된 사업 계획서는 위험도를 높이기만 할 뿐이다.

사업 계획서의 핵심 목표는 해당 사업의 최적화된 접근 방법을 공유하고 이를 기반으로 투자를 유치, 사업을 원활하게 전개하여 향후 성공적인 결과를 구현하는 것이다. 그러므로 해당 사업 계획대로 수행할 수 있는 실천력은 사업 계획서에서 매우 중요하다. 이는 투자자들에 대한 신의이기도 하므로 사업 계획서 작성자는 외형 포장에 지나치게 치중하는 사업 계획서는 지양함과 동시에 투자자와 조직 구성원, 회사 등에 대해 사업가로서의 신의를 지켜 낼 준비를 해야 한다.

사업 계획서는 창작 능력이 아닌, 현실에 근거한 객관성과 논리성을 발휘해야 하는 문서다. 따라서 비전문가의 주관적 논리로 사업계획서를 작성하는 무모함은 지양해야 한다.

명함과 이메일도 비즈니스에서는 중요한 페이퍼. 누구나 갖고 있고 활용하고 있는 이런 종류의 페이퍼에서도 작지만 큰 차이가 존재한다.

비즈니스의 첫인상은 얼굴이 아니라 페이퍼다. 비즈니스는 바로 명함에서 시작되기 때문이다. 그런 만큼 명함은 아주 중요한 페이퍼에 해당하기 때문에 명함 하나를 만들더라도 신경을 써야 한다. 돈 몇 푼 아껴 보겠다고 싸구려로 대충 만들거나 촌스럽게 만든 것은 곤란하다. 비즈니스 기회를 만들고 싶다면, 작은 종이 한 장이 첫인상을 만든다는 것을 기억하며 우선 자신의 명함부터 돌아보자.

비즈니스 시 주고받는 이메일도 신경 써야 할 페이퍼다. 친구한테 보내듯 가볍거나 경박하게 작성해서도 안 되고, 길어서도 안 된다. 짧게 본론만 직접적으로 쓰는 것이 가장 좋은 비즈니스 메일의 룰이다. 하루에 수십 통의 메일을 받을 상대에게 길고 장황한 이메일은 민폐가 되거나, 자신에 대한 좋지 않은 인상을 남길 수도 있다. 설득력이나 효과가 떨어짐은 물론이다.

비즈니스에선 기본이 중요하다. 그 기본 중의 기본인 명함과 이메일, 이 페이퍼들의 관리만 잘해도 기회는 더 많이 만날 수 있음을 잊지 말자.

취업하고 싶다면,
승진하고 싶다면 페이퍼에 목숨 걸어라

　주변을 보면 어렵게 취직했으면서도 1년도 안 돼서 사표를 쓰는 사람들이 의외로 많다. 대개는 업무나 조직에 적응하기 어렵다거나, 자신이 생각했던 것과 업무 내용이 다르다는 것이 사직의 이유다. 그런데 여기서 생각해 볼 점이 두 가지가 있다.

　첫 번째는, 취업 준비를 하는 사람들 중 대다수가 실제 입사 후 자신이 할 일에 대한 구체적인 정보는 고사하고 아무런 이해 없이 그에 대한 준비조차 하지 않는다는 것이다. 취업에서 중요한 것은 그 회사에 들어가는 것 자체가 아니라, 들어가서 자신의 능력을 발휘할 수 있는지 여부다. 백 군데의 회사에 지원해서 백 번 모두 붙으면 뭐하나? 막상 붙었다가 금방 나올 거라면 취업 시험을 보는 의미가 없음은 물론 제대로 취업을 준비했다고도 할 수 없다.

두 번째로 생각해 볼 것은 회사에서 필요한 업무 역량과 취업 시험에서 중요하게 고려하는 평가 요소 사이에는 다소 거리가 있을 수 있다는 점이다. 다시 말하면 취업 준비생들이 중요하게 생각하는 요소와 기업의 인사 담당자들이 중요하게 생각하는 요소가 다르다는 뜻이 되겠다. 구직자들은 영어 점수나 학점 등의 '스펙'에 매달렸지만, 막상 회사의 인사 담당자들은 보편적 스펙이 채용의 당락 기준은 되지 못한다고 말한다. 남들이 모두 영어와 학점에 매달린다면 이미 그것은 중요한 경쟁력이 되기 힘들다. 모두의 경쟁력은 곧 어느 누구의 경쟁력도 아닌 보편적인 기준이 되고 말기 때문이다.

그렇다면 무엇을 '나만의 경쟁력'으로 키워야 할까? 아래에 인용된 기사가 이 질문에 대한 답이 될 수 있을 것이다.

취업 포털 잡코리아가 최근 국내 기업 인사 담당자 622명을 대상으로 조사한 결과, 취업 시 필요한 부문임에도 불구하고 구직자들이 소홀히 하고 있는 것에 대한 질문에는 '대인 관계 및 커뮤니케이션 스킬'이 56.8%로 가장 높았고 이어 '기획서 및 문서 작성 능력' 38.7% '비즈니스 예절' 33.8% '기업 실무' 31.2% '프레젠테이션 능력' 30.7% 등이었다.

(이지은, '취업 때 영향 미미한 스펙 1위는?',
「중앙일보」, 2009. 3. 5.)

논리적인 글을 잘 쓰는 직장인이 눈에 띄는 것은 당연하다. 직장인이라면 누구나 아침에 출근하면서부터 퇴근할 때까지 무수한 글을 쓴다. 기획안이나 보고서, PT, 이메일, 회의나 미팅 내용의 정리 등 일상적인 회사의 업무는 모두 글쓰기와 관련되기 때문이다.

취업 포털 '인크루트'가 시장 조사 전문 기업인 트렌드모니터와 공동으로 2009년 5월에 직장인 1,212명을 대상으로 보고서 작업 현황을 조사하여 보도 자료를 낸 적이 있다. 이 조사에 따르면 직장인들이 하루에 보고서를 쓰는 횟수는 평균 2회, 한 번 보고서를 쓰는 데 걸리는 시간은 평균 2시간 36분으로 하루 업무 시간 중 약 5시간 12분을 보고서를 쓰는 데 소비하는 것으로 나타났다. 보고서 작성에 따른 스트레스 정도에 대해서는 66.7%가 '상당한 수준'이라고 답했다. 스트레스를 받는다는 것은 곧 보고서가 중요한 역할을 한다는 것을 알고 있다는 뜻이다. 실제로 보고서를 쓰는 능력과 직장에서의 성공이 가지는 상관관계에 대해 77.7%가 '매우 큰 관계가 있다'고 답하기도 했다.

출판사 위즈덤하우스와 경영 정보 사이트인 CEO리포트가 2007년 8월에 관리자급 직장인 175명을 대상으로 한 조사에서도 유사한 결과가 나온 바 있다. 보고서 잘 쓰는 것이 직장 생활의 성공이나 승진에 큰 도움이 되느냐는 질문에 55%가 '매우 그렇다', 44%는 '대체로 그렇다'고 응답했다. 전체 응답자의 99%가 보고서를 잘 쓰는 것이 직장 생활의 성공과 승진에 도움이 된다고 말한 것이다.

이처럼 승진을 위해서도 페이퍼 파워는 필수적인 요소다. 업무에 따라 다소 편차는 있겠지만, 대부분의 직장인들은 기획안, 제안서, 출장 보고서, 회의록 등 무수한 보고서를 일상적으로 써야 한다. 그런데 승진을 위한 경쟁력이 그렇게 많이 쓰는 보고서에 숨어 있으니, 이런 보고서를 소홀히 한다면 결코 성공하는 직장 생활이 될 수 없을 것이다.

페이퍼 파워의 첫 번째 힘
- 비즈니스 기회를 만든다
♣ 핵심 정리 ♣

모든 커뮤니케이션이 문서로 이루어지는 비즈니스 분야에서 글쓰기는 매우 중요하다. 3장에서는 다음과 같은 여러 사례를 통해 페이퍼가 비즈니스 기회에서 가지는 중요성을 다뤘다.

01 페이퍼가 가지는 중요도가 높은 만큼, 비즈니스에서 페이퍼를 소홀히 하는 기업은 수천억 대의 손실을 볼 수도 있다. 페이퍼는 공식적인 기록이고, 사소한 실수 하나에 희비가 엇갈릴 수도 있는 것이기에 매우 중요하게 다뤄야 한다.
또한 잘 쓴 페이퍼 하나는 열 마케팅이나 열 로비가 부럽지 않다. 페이퍼 파워는 비즈니스에 있어서 가장 강력한 무기이자 기회를 부르는 힘이다.

02 경영 컨설팅 시장이 존재하지 않았던 시점에 등장하여 시장을 만들어 낸 맥킨지, 면접 시 보고서를 제출함으로써 BMW코리아 상무 이사에 임명되었고 그 후 승승장구한 김효준 BMW코리아 사장, 삼성의 디자인 혁신을 이끌었던 '후쿠다 보고서'의 공통점은 페이퍼로 새로운 기회를 만들어 냈다는 것이다.

03 메이저리그의 슈퍼 에이전트인 스캇 보라스는 자신이 관리하고 있는 선수들의 연봉 협상이나 FA 계약에 앞서 늘 데이터에 근거하여 선수의 성적과 상품 가치 등을 정리한 설득적인 보고서를 만들기로 유명하다. 그에게 보고서는 곧 상품이자 무기다.

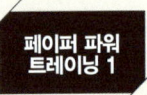
페이퍼 파워
트레이닝 1

잘된 보고서의 열 가지 요건

한글을 안다고 좋은 글을 쓸 수 있는 것이 아니듯, 보고서도 누구나 쉽게 쓸 수 있다고 생각하면 오산이다. 대부분의 사람들이 굳이 배우지 않고서도 잘할 수 있다고 생각하기에 형편없는 보고서도 난무하고, 형식적인 보고서도 많다. 지금부터는 보고서를 진짜 잘 쓸 수 있는, 그래서 자신의 가치를 더욱 드러내게 해 주는 아주 간단하면서도 가장 확실한 열 가지 방법을 알려 주겠다.

① 형식보다 내용에 집중하라

보고서는 내가 사람이 아닌 다른 누군가에게 보여 주기 위해서 만드는 것이다. 그런데 그 '누군가'는 이미 수많은 보고서를 봐 온 사람이란 것을 알아야 한다. 웬만한 잔재주를 부리는 것만으로는 눈에 들기 어렵다는 뜻이다. 그러니 형식보다 내용에 더 집중하자. 아마추어들의 문서일수록 문서 작성 프로그램의 각종 효과와 형식들로 요란한데, 이런 잔재주는 더더욱 금물이다.

더불어 진짜 전달해야 할 핵심 내용을 찾는 일에 시간을 쏟고, 업종과 업계가 다르면 이해하지 못할 약어나 용어, 심지어 같은 업계에서도 소통되지 않는 신조어 등은 남발하지 않도록 하자. 중요한 것은 '누구나 읽으면 바로 이해할 수 있는 내용'이어야 한다는 점이다.

② 명쾌하고 직관적으로 써라

보고서에서의 핵심 가치는 양이 아닌 질이다. 그러니 군더더기는 생략하고 미사여구는 걷어 내며 최대한 담백하고 직설적으로 써서 읽는 이가 내용을 직관적으로 파악할 수 있도록 해야 한다. 그래프나 다이어그램처럼 도식화된 정보도 활용하자. 그래서 읽는 이가 그래프나 다이어그램 하나만 봐도 내용을 바로 이해할 수 있게 해야 한다.

경제연구소나 컨설팅 회사의 보고서를 구해서 읽어 보는 것도 좋다. 특히 맥킨지를 비롯한 외국계 컨설팅 회사의 보고서는 간결하고 핵심적인 데다가 그래프나 도식을 통해 매우 명확하고 시각적으로 내용을 전달하는 것이 많다. 좋은 보고서는 보는 것만으로도 큰 공부가 되고, 보고서 작성 테크닉을 향상시키는 데에도 유용하다.

③ 짧고 굵게 써라

보고서는 짧고 강렬해야 한다. 이럴 때 필요한 것이 바로 'KISS(Keep It Short and Simple, 짧고 간결하게) 원칙'이다. 자꾸 쓰다 보면 분량은 점점 늘어나기 마련이다. 그렇다고 할 말을 하지 않을 수는 없으니, 일단은 다 써 놓고 줄여 나가면서 핵심만 남겨 보자. 피 같은 원고라 줄이기 아까울 수도 있겠으나, 안 줄여서 눈에 안 띄는 것보다는 눈물을 머금고라도 줄여서 눈에 잘 띄는 보고서가 우리에겐 필요하다.

양으로 먹혔던 보고서는 옛말, 이젠 질로 승부해야 한다. 기업에선 더 이상 양으로 보고서를 판단하지 않는다. 오히려 적은 양에서 명확한 핵심을 보여 주는 것이 경쟁력이다.

④ 일관성을 유지하라

보고서는 글로 하는 설득이기 때문에 논리적 일관성은 반드시 필요한 요소다. 주장할 내용이나 근거가 많지 않다면 분량은 최소화하는 것이 좋다.

전체를 관통하는 형식과 전개 방식 등 보고서의 구성과 디자인에서도 일관성은 중요하다. 분량도 많고, 표지도 강렬하며, 제목도 매우 인상적이라 잔뜩 기대하고 펼친 보고서가 뒤로 갈수록 부실해지는 것에 실망감을 느꼈던 경우는 누구나 한 번쯤 있을 것이다.

또한 각 부분별 내용의 양과 깊이 등에서의 균형도 필요하다. 어떤 부분은 장황하고 매우 구체적인데, 어떤 부분은 수박겉핥기처럼 짧고 추상적이라면 곤란하다.

⑤ 부연 설명의 힘을 활용하라

　기자들은 기사 작성 시 제일 먼저 가장 중요한 핵심 내용을 제일 먼저 육하 원칙에 의거해서 쓰고, 그다음 문장에서 부연 설명을 붙인다. 즉, 첫 문장에서는 '어떤 일이, 언제, 누구에 의해, 어디서, 어떻게, 왜 일어났는가'를 쓰고, 그 다음 문장은 앞 문장을 구체적으로 설명하는 식이다. 보고서나 제안서를 쓸 때에도 이 방식을 활용해 보자.

　단, 핵심만 전달하는 한 장짜리 보고서를 만들기 위해서는 충분한 부연 설명, 즉 근거 자료가 있어야 한다. 최종 제안서나 보고서는 한 장에 불과할지라도 그 뒤에 수십, 수백 장의 준비된 자료와 설명이 있어야 한 장짜리 문서가 진짜 힘을 발휘될 수 있다는 것을 잊지 말자.

⑥ 오래된 보고서를 재활용하지 말라

　유통기한이 지난 보고서를 책상 속에서 발견했다면 재활용할 생각일랑 하지 말고 그냥 쓰레기통에 버려라. 최근 1년 내의 조사 결과를 담은 보고서라면 괜찮지만, 오래된 보고서는 단순한 참고용으로만 봐야 한다. 회사명이나 수치만을 바꿔 새로운 제안서나 보고서로 재탕하려는 생각도 버려라. 비즈니스에서 필요한 보고서는 우리 회사만을 위한 보고서, 이번 달 혹은 올해에만 유효한 보고서다. 비즈니스에서는 모두가 아는 답처럼 위험한 답도 없기 때문이다.

⑦ 잘된 보고서는 협업의 산물이다

　비즈니스에서는 커뮤니케이션과 관계된 상호간의 협업이 매우 중요하다. 특히 보고 계통의 상사와 협업하는 것은 매우 중요하다. 보고서는 혼자 써서 남들에게 던져 주는 것이 아니다. 회사 내 보고서라면 자신의 상사와 동료들과의 협업을 통해 상호 협의한 내용을 담고 있어야 하고, 대외적인 보고서라면 클라이언트나 관련 전문가, 실무자들과 협의한 사항들을 담아야 한다.

⑧ 첫인상을 섹시하게 만들어라

읽는 이를 첫눈에 사로잡을 '섹시함'도 잘된 보고서의 요건이다. 첫인상에 끌리지 않으면 그 다음부터 꼼꼼히 보지 않을 가능성이 높기 때문이다. 여기서의 '섹시함'은 곧 '눈길을 끈다', '직관적으로 호감을 가지게 한다'는 뜻이다. 제목과 표지는 강렬함을 줌과 동시에 궁금증을 유발해야 하고, 본문의 편집 디자인과 핵심 내용의 요약도 섹시한 보고서를 만드는 필수 요소이다. 그렇게 읽는 이의 시선을 사로잡는다면, 끝까지 읽을 때까지 그 사람이 보고서를 손에서 놓지 않을 확률은 높아진다.

⑨ 확신을 보여라

잘된 보고서는 두루뭉술하지 않고, 확신에 찬 말투로 구체적이고 명확하게 주장을 제시한다. 타당하고 객관적인 근거에 바탕을 둔 자신 있는 주장이 조심스럽고 소극적인 주장보다 더 강력할 것임은 두말할 나위가 없다.

설령 내용에 확신이 덜 선다고 하더라도 문체는 확신에 차 있어야 한다. 같은 내용이더라도 좀 더 구체적인 표현을 찾아 써라. 모호하고 추상적인 표현 등 보고서 내용에 대한 신뢰를 떨어뜨리는 요소는 피해야 한다.

⑩ 기본에 충실하라

보고서에서 가장 중요한 요건은 바로 '좋은 내용'이다. 지나치게 상식적인 말이라고 생각할 수도 있겠으나, 이렇게 기본적인 요소를 지키지 않는 사람들이 만든 알맹이 없는 보고서는 세상에 무수히 많다. 보고서를 잘 쓰고 싶다면 우선 내용부터 고민해라. 정확한 내용과 명확한 목적이 보고서에서 가장 중요한 요소임을 잊어선 안 된다.

보고서의 내용을 잡을 때는 종이 위에 펜으로 써 보는 것도 좋다. 그렇게 초안을 마련한 뒤에 문서 작성 프로그램을 실행시켜도 늦지 않다. 내용도 잡지 않고 문서 형식에 맞춰 페이지부터 만들어 가다 보면 전체적인 맥락도 연결되지 않고, 핵심은 들쑥날쑥하며 장황해지기도 쉽다. 그러니 생각은 종이 위의 펜으로 잡고, 컴퓨터는 그 내용을 정리할 때만 사용해 보자.

제 4 장

페이퍼 파워의 두 번째 힘
- 새로운 브랜드를 창조한다

킨제이를 세계적 스타로 만든 '킨제이 보고서'

    1948년 동물분류학자 앨프리드 킨제이(Alfred C. Kinsey)는 『인간 남성의 성적(性的) 행동(Sexual Behavior in the Human Male)』이라는 책을 출판한다. 이 책은 원래의 제목보다 '킨제이 보고서'라는 이름으로 더 유명하다. 킨제이를 순식간에 유명 인사로 만든 이 책은 당시 수십만 권이나 팔린 베스트셀러가 되었는데, 딱딱한 연구 보고서로는 이례적인 반응이었다.

    킨제이는 10년 동안 1만 7,000회 이상의 일대일 면담을 통해 남성의 성적 행동에 대한 연구를 진행했고, 도표와 통계라는 근거에 힘입어 페이퍼의 신뢰도를 구축해 나간다. 혼외정사, 동성애, 자위, 매춘 등 당시로는 금기시되던 주제에 대한 통계를 제시한 덕분에 관련 학계나 미국의 보수층에서 엄청난 지탄과 공격을 받았지만, 사회적 논란의 중심에 서면서 그의 대중적 인지도도 높아졌다. 이로써 킨제이는 성 연구의 가장 유명한 연구자이자 가장 대표적인 브랜드가 된다.

1953년 그는 『여성의 성적 행동(Sexual Behavior in the Human Female)』이라는, '킨제이 보고서'의 좀 더 구체화된 버전을 새롭게 발표했다. 당시 미국 사회에서는 여성을 성에 대해 흥미를 느끼지 않는 존재로 여겼고, 생식을 목적으로 하는 성만을 인정하고 있었다. 그런데 킨제이 보고서는 '여성도 성에 대한 관심이 있고, 오르가슴을 느낄 수도 있다'고 밝혔다. 아울러 이 보고서에는 미국 여성의 절반 이상이 결혼할 당시 처녀가 아니었고, 25% 정도의 가정주부가 혼외정사 경험을 가지고 있으며, 37%의 남성과 19%의 여성은 사춘기와 성인이 되는 과정에서 적어도 한 번은 오르가슴을 동반한 동성애 경험이 있다는 내용도 담겨 있었다. 당시로선 매우 파격적인 연구 보고였기에 그는 의회와 언론에서 심한 비판을 받았고, 그에게 연구비를 제공했던 록펠러 재단은 지원을 중단하기도 했다. 시대를 앞서 간 파격적인 연구는 킨제이를 유명하게 만들었지만 그와 동시에 시련도 겪게 했던 것이다.

출간된 지 70년 가까이 되어 가지만 '킨제이 보고서'는 아직도 가장 많이 인용되고 있는 성 관련 보고서다. 통계적으로 문제가 있다는 지적도 많이 있지만, 지금까지의 어떤 성 관련 보고서도 그렇게 많은 표본을 대상으로 한 것이 아님을 볼 때 여전히 '킨제이 보고서'의 가치는 높다. 최근에 발표된 수많은 성 관련 보고서도 늘 신뢰도와 정확성에 대한 의문이 제기되고 있기 때문이다. 성과 관련하여 새롭게 나오는 보고서나 이야기가 '킨제이 보고서'와 비교되거나 '새로운 버전의 킨제이 보고서'라는 별칭이 붙을 만큼 킨제이 보고서는 여전히 생명력을 가지고 있는 강력한 페이퍼다.

'킨제이 보고서'를 읽어 보지 않은 사람이어도, 그 보고서가 성 관련 연구 보고서라는 것은 수십 년이 지난 현재에도 누구나 안다. 성 관련 연구자가 세계적으로 수없이 존재해도 킨제이의 이름을 능가할 사람이 나오지 않는 것도 그가 쓴 책 덕분이다. 이렇게 책은 막강한 개인 브랜드를 구축하는 도구이자 자신의 주장을 가장 강력하게 사회 전반으로 퍼뜨리는 수단이 되고, 사회적 이슈의 중심에 자신을 세우기도 한다.

맥주 회사와 타이어 회사, 페이퍼로 다시 태어나다

『기네스북(Guinness book)』을 모르는 사람이 있을까? 기네스북은 세계 최고의 기록만을 모아 해마다 발행하는 세계 기록집으로, 기네스가 세계 기록집에 후원을 하면서 만들어졌다. 1932년 이후 현재까지 영국 런던에 있는 세계적인 맥주 회사 기네스는 1755년에 아일랜드의 아서 기네스(Arthur Guinness)가 설립했다.

『기네스북』은 기록광인 노스와 노리스라는 형제 편집자에 의하여 창간 및 편집되었다. 일상에서 아주 심오한 분야에 이르기까지 광범위한 기록을 수록하고 있는데, 때로는 이 기록을 깨기 위하여 위험을 무릅쓰다가 사고를 일으키는 일이 빈발하여 편집인이 경고를 받기도 했다.

이런 『기네스북』은 사람들의 인기를 끌어 1922년에 유료 판매로 전환했고, 국가별 『기네스북』이 따로 만들어지거나 『기네스북』에 오르고자 하는 많은 이들이 매년 새로운 신기록을 쏟아내는 등 지금도 세계적으로 가장 인기 있는 책 가운데 하나가 되고 있다. 지금은 웹 사이트를 많이 활용하기 때문에 발행 부수가 줄었지만, 과거 『기네스북』의 발행 부수는 매년 6,000만 부 이상이었다고 한다. 새롭고 신기한 기록은 늘 대중의 관심을 이끌어 내기에 충분한 콘텐츠이므로, 『기네스북』의 생명력은 쉽사리 끊어지지 않을 것이다.

『미슐랭 가이드(Michelin Guide)』는 1900년 1889년에 세워진 프랑스의 타이어 회사 미쉐린(영어식 발음은 미쉐린이지만 프랑스어 발음은 미슐랭이다)이 1900년에 만든, 역사만도 100년이 훨씬 넘은 책이다. 처음에는 운전자의 편의를 위해서 차를 수리할 수 있는 곳을 안내하는 소책자로 만들어져 한동안 무료로 배포되었다.

초기의 『미슐랭 가이드』는 타이어 정보, 도로 법규, 자동차 정비 요령, 주유소 위치 등을 주로 다루었고, 식당 정보는 그저 운전자의 허기를 달래 주기 위한 수준에 지나지 않았다. 그러다가 1926년에는 처음으로 맛있는 음식을 먹을 수 있는 곳을 별로 표시하기 시작했으며 1930년에는 별 두 개와 별 세 개의 등급이 추가됐다. 이렇게 단순히 마케팅 방법의 일환으로 시작되었던 책자는 프랑스는 물론 세계 최고의 식당 가이드북으로 자리 잡았다. 마케팅 차원으로 시작했다가 마케팅 효과는 물론 상업적인 효과까지 거두게 된 것이다.

현재 『미슐랭 가이드』는 매년 50만 부 이상 팔리고 있는, 미식가들의 성서나 다름없는 권위 있는 책이다. 프랑스가 미식가의 나라로 평가받는 배경에 『미슐랭 가이드』가 자리하고 있다고 해도 과언이 아닐 정도의 명성을 가진다. 『미슐랭 가이드』에서 별을 받은, 소위 '미슐랭 스타 레스토랑'이 되면 요리사의 몸값이 폭등하고 레스토랑의 음식 값도 올라간다. 『미슐랭 가이드』가 부여하는 최고 등급은 별 세 개인데, 별 두 개만 되어도 식당의 매출이 최소한 20퍼센트 이상 늘어나고, 세 개가 되면 최소한 3개월 전에 예약해야 할 정도로 인기가 올라간다고 한다. 반대로 별을 받았다가 떨어지거나 받은 별의 개수가 줄어든 레스토랑이 타격을 받거나 요리사가 충격으로 자살하는 일도 벌어지곤 했다.

현재 『기네스북』과 『미슐랭 가이드』는 사람들 사이에서 하나의 보통 명사처럼 쓰일 정도다. 어떤 진기한 기록이 보이면 『기네스북』을, 맛있는 레스토랑이나 최고의 요리사를 보면 『미슐랭 가이드』를 떠올린다. 그렇다면 왜 기네스는 『기네스북』을, 미쉐린은 『미슐랭 가이드』를 만드는 데 돈을 들였을까?

여기에서 우리는 『기네스북』이나 『미슐랭 가이드』의 공통점, 즉 특정 회사의 브랜드가 곧 책의 이름이라는 데 주목할 필요가 있다. 이 둘은 모두 지금은 상업적인 가치가 있는 책이지만, 그 시작은 돈을 벌기 위해서가 아닌 쓰기 위해 만든 책, 다시 말해 마케팅 차원— 결과적으로는 매우 성공한—에서 만들어진 책이다. 『기네스북』에서는 맥주 회사 기네스를, 『미슐랭 가이드』에서는 타이어 회사 미쉐린을 연상하게 된다. 때문에 사람들에게는 기네스와 미슐랭이 책과 함께 기업이자 브랜드로도 강하게 기억된다. 이 둘은 기업이 페이퍼를 통한 마케팅을 했을 때 얼마나 매력적인 결과를 가져오는지를 보여 준 사례라 할 수 있다. 실제로 『기네스북』과 『미슐랭 가이드』의 사례 때문인지, 수많은 기업들은 각각 다양한 가이드북을 만들어 보기도 했다. 여전히 그 둘의 성공을 능가할 것은 아직 없지만.

세계적인 미래학자 앨빈 토플러는 박사가 아니다?

위의 질문에 대해 "설마, 경영 구루 앨빈 토플러는 세계 최고의 미래학자이자 석학으로 평가받는데 박사 학위가 없다고? 분명 '앨빈 토플러 박사'라고 칭하는 걸 신문이나 방송에서 들었는데 뭔가 잘못 알고 있는 거 아니야?"라고 반문할 사람도 있을 것이다. 물론 앨빈 토플러에게도 박사 학위는 있지만, 그의 미래학 관련서가 유명해진 후 나중에 수많은 대학에서 받은 명예박사 학위가 전부다. 그는 대학원을 다닌 적도 없고, 남들처럼 석·박사 과정을 거친 정통적인 의미에서의 학자도 아니다.

이런 표현과 서술에 오해 없길 바란다. 박사 학위는 말 그대로 '학위'일 뿐, 그것이 그 사람의 전문성과 식견을 보장하는 것이 아님을 말하고자 하는 것이다. 사실 박사 학위보다 더 받기 어려운 것이 명예박사 학위다. 게다가 정치 지도자나 글로벌 기업 경영자, 세계적 문학가도 아닌 미래학 저술가로서 명예박사 학위를 받기란 더더욱 어렵다. 앨빈 토플러는 수십 개의 박사 학위보다 더 값지고 탁월한 성과를 그의 책을 통해 보였다. 미래학이란 새로운 학문 분야는 그가 개척해 온 것이나 다름없고, 미래학을 대중적으로 알려 누구에게나 익숙하고 보편적인 분야로 만들어 낸 것 또한 앨빈 토플러다.

그는 대학 졸업 후 용접공에서 출발하여 노동조합 관련 잡지의 기고자, 노동 정치 담당 저널리스트를 거쳐, 세계적인 경제지인「포춘」의 노동 관련 칼럼니스트로 일하기도 했다.『문화의 소비자(The Culture Consumers)』(1964) 발표 후 전문적인 저술가의 길을 걸었던 앨빈 토플러는『미래의 충격(Future Shock)』(1970)으로 세계적인 주목을 받기 시작했고, 이후 대표작인『제3의 물결(The Third Waves)』(1980)을 통해 세계적인 미래학자로서 입지를 굳힌다.『제3의 물결』에서 그는 미래 사회가 정보화 사회가 될 것이고, 정보화 혁명은 20~30년 내에 이루어질 것이라고 주장하였다. 그의 예측처럼 정보화 사회는 그 책이 출간된 지 20여 년 만에 본격화되었고, 그가 처음 언급한 재택근무, 프로슈머, 전자 정보화 가정, 지식 노동자 등의 출현은 모두 현실이 되었다.『제3의 물결』은 책이 나온 당시에도 놀라운 미래 예측이자 진단으로서 평가받았는데, 책에서 제시했던 미래의 모습이 하나씩 현실로 이뤄지는 것을 보면서 그의 식견에 더더욱 놀라게 된다.

그 이후로도 앨빈 토플러는 『권력 이동(Power Shift)』(1990), 『부의 미래(Revolutionary Wealth)』(2006)를 발표하며, 몇 십 년간 지켜 온 세계 최고의 미래학자이자 경영 구루의 선두권을 여전히 지키고 있다. 그는 코넬대학교의 객원 교수를 비롯해, 세계적인 연구 재단의 객원학자로 활동하며 여러 국가의 자문을 담당했고, 수없이 많은 상도 받았다. 가장 비싼 강연료를 받는 연사이기도 한 그가 예측하는 미래의 모습에 세계는 지금도 주목하고 있다.

이렇게 부와 명예를 모두 거머쥔 앨빈 토플러, 그가 가진 성공의 비밀은 무엇일까? 바로 그가 쓴 책, 즉 페이퍼 파워다. 탁월한 식견과 독창적인 통찰이 그의 글과 책에서 돋보이기에 세계적인 리더가 될 수 있었던 것이다. 앨빈 토플러는 사회 제반의 여러 구성 요소를 두루 관통하는 글을 통해 사회의 변혁 방향을 날카롭게 지적하고 있다. 복합적인 지식 속에서 풍부한 상상을 하고, 날카롭게 분석하여, 설득적이고 논리적인 글을 쓰는 것이다.

현 사회의 진단과 미래 사회의 예측을 위해 앨빈 토플러가 활용하는 도구는 신문으로, 그는 매일 아침 전 세계의 주요 신문을 3~4시간 정도 읽는다고 한다. 미래를 보는 눈은 곧 지식 정보에 대한 해석과 편집에서 비롯된다. 다양한 지식 속에서 찾은 단서들을 조합하여 미래의 상상을 활자로 구체화하는 것이다. 그런 점에서 앨빈 토플러는 생각과 지식의 정리·분석 기술을 가진 최고의 지식 정보 편집자이자, 책을 통해 페이퍼 파워를 절실히 경험한 대표적인 인물인 셈이다.

　책 한 권 잘 써서 앨빈 토플러만큼의 부와 명예를 모두 이룬 또 하나의 사람을 꼽자면 아마도 '해리 포터' 시리즈로 일약 세계적인 거부이자 스타급 문학가로 떠오르며 영국 여왕의 작위와 대영제국훈장을 받은 영국의 조앤 롤링(Joanne K. Rowling)일 것이다. 만약 책이 없었다면 이 두 사람의 운명은 어땠을까? 그저 가난한 소설가 지망생이자 아무도 기억하지 못할 싱글맘, 미국의 일부 사람들만 기억할 잡지 편집자로 남지 않았을까? 우리 또한 '해리 포터' 시리즈가 주는 놀라운 상상력과 탁월한 즐거움,『제3의 물결』을 필두로 얻을 수 있었던 미래에 대한 뛰어난 혜안과 식견을 모른 채 살았을지 모른다. 페이퍼 파워의 힘은 이런 면에서도 발휘되는 것이다.

경영 구루 토머스 프리드먼과 말콤 글래드웰은 경영학자도, 경영자도 아니다

    2008년 5월 「월스트리트저널(Wall Street Journal)」은 '세계에서 가장 영향력 있는 경영 구루 20인'을 선정했다. 1위는 런던 비즈니스 스쿨의 교수이자 『꿀벌과 게릴라(Leading the Revolution)』(2000), 『경영의 미래(The Future of Management)』(2008) 등을 쓴 게리 해멀(Gary Hamel)이었고, 2위는 저널리스트인 토머스 프리드먼(Thomas L. Friedman)이었다. 이어 3위는 MS의 빌 게이츠 회장이었고, 저널리스트인 말콤 글래드웰이 4위를 차지했다. 상위 네 명의 경영 구루 중 두 명은 저널리스트이고, 한 명은 학자, 한 명은 경영자인 것이다.

    대개 경영 구루는 위대한 업적을 남긴 경영자이거나 경영학계의 석학이다. 실전 혹은 이론 모두에 강하거나 둘 중 하나를 충족시키는 사람이 경영 구루로서 수많은 경영자나 비즈니스에 종사하는 사람들에게 혜안을 제시하고 트렌드를 이끌어 간다. 그런데 세계적인 경영 구루로 손꼽히는 토머스 프리드먼과 말콤 글래드웰은 조금 다르다.

이 두 사람은 상당히 비슷한 면이 많다. 일단 경영 구루로 뽑혔음에도 불구하고 이들은 경영자가 아니고, 전공은 각각 경영과는 다소 상관없어 보이는 중동학과 역사학이다. 즉, 이들의 시작은 전혀 경영 분야와 가깝지 않았던 것이다. 또한 둘 다 저널리스트라는 공통점도 있다. 경영 분야의 책을 쓴 것이 아니었음에도 불구하고 사회와 세계에 대한 통찰이 경영과 비즈니스에서 매우 유용한 것이었기에, 그들은 경영자들과 비즈니스맨들에게 영향력을 발휘하는 경영 구루가 될 수 있었던 것이다. 저널리스트로 오랫동안 글쓰기와 정보 분석에 대한 트레이닝을 거쳤다는 것, 자신이 집필한 책의 힘으로 새로운 기회를 만들어 내고 있다는 점도 비슷하다. 그리고 결정적으로, 이 두 사람은 모두 페이퍼 파워를 다룰 줄 아는 사람이라는 공통점이 있다.

대학원에서 중동학을 공부한 후 언론사로 들어간 토머스 프리드먼은 UPI 통신의 베이루트 특파원과 「뉴욕타임스」의 베이루트 지국장을 거쳐, 「뉴욕타임스」의 칼럼니스트로 활동하고 있다. 그는 첫 번째 저서 『베이루트에서 예루살렘까지(From Beirut to Jerusalem)』(1989)로 1989년 전미도서상(National Book Award)을 수상했다. 이어 『경도와 태도(Longitudes & Attitudes)』(2002)는 2002년 퓰리처상 평론 부문에서 수상하기도 했다. 이미 「뉴욕타임스」 지국장 시절에 두 차례나 퓰리처상을 받았으니, 토머스 프리드먼은 남들은 평생 한 번 받기도 어렵다는 퓰리처상을 세 번이나 받은 것이다. 그의 저서 『렉서스와 올리브나무(The Lexus and the Olive Tree)』(2000), 『세계는 평평하다(The World is Flat)』(2007), 『코드 그린(Hot, Flat, and Crowded)』(2008) 은 모두 세계적인 베스트셀러가 되었다.

말콤 글래드웰은 학부에서 역사학을 전공한 후「워싱턴포스트(The Wachington Post)」「뉴요커(The New Yorker)」등에서 저널리스트로 활동하고 있다. 그는 독특한 시각과 통찰력이 돋보인 첫 번째 책 『티핑 포인트(The Tipping Point)』(2000)로 일약 세계적인 베스트셀러 작가이자 경영 구루로 주목받게 된다. 2005년에는「타임(Time)」이 선정한 '세계에서 가장 영향력 있는 100인'에도 포함되었다. 뒤이어 내놓은 『블링크(Blink)』(2007), 『아웃라이어(Outliers)』(2008)도 전 세계적인 베스트셀러가 되면서, 그의 이름은 가장 강력한 경영 저술가 브랜드 중 하나가 되었다.

앞서 소개한 앨빈 토플러와 토머스 프리드먼, 말콤 글래드웰의 공통점은 저널리스트로 시작했다가 자신의 통찰력을 담은 책을 썼고, 그것이 가진 페이퍼 파워를 통해 세계적인 베스트셀러 작가이자 경영 구루가 되었다는 것이다. 저널리스트를 경영 구루로 만들어 준 힘은 역시 페이퍼 파워인 것이다. 자신의 가치를 뛰어넘는 진화의 기회, 그것은 페이퍼 파워를 통해 보다 쉽게 만들어질 수 있다는 것을 이들은 증명하고 있다.

버락 오바마, 빌 클린턴, 앨런 그린스펀, 토니 블레어의 공통점은?

과연 이들 네 남자의 공통점은 무엇일까. 대통령이라고 하자니 앨런 그린스펀(Alan Greenspan)이 좀 걸린다. 물론 경제 대통령이라 할 수 있는 연방준비제도이사회(Federal Reserve Board, FRB)을 지냈으니 대통령이 이들의 공통점이라고 해도 심한 억지는 아니지만, 엄밀히 공통점이 될 순 없다. 네 명 모두 정치인인가 싶어 살펴보니 그것 역시 앨런 그린스펀 때문에 정답이 아니다. 미국인이라고 하기엔 토니 블레어(Anthony C. L. Blair)가 걸리고, 백인이라 하기엔 버락 오바마가 걸린다. 세계적인 지도자들이기는 하지만 버락 오바마만 현직이고, 셋은 전직이다.

이제 정답을 공개하겠다. 이 네 남자의 공통점은 유명 인사의 출판 계약을 전담하다시피 하는 변호사 로버트 버넷의 고객이라는 점이다. 이들은 모두 버넷과의 거액의 출판 계약을 통해 자서전을 펴냈고, 그것으로 부와 함께 새로운 기회와 명예를 품에 안았다. 이들 외에도 버넷의 고객으로는 힐러리 클린턴(Hillary D. Clinton), 조지 부시 등의 거물급 정치인들을 비롯한 세계적인 명사들이 많다. 미국에서 거액의 출판 계약을 하고 싶다면 가장 먼저 로버트 버넷과 손잡아야 하는 셈이다.

빌 클린턴(Bill Clinton)은 자서전 『마이 라이프(My Life)』(2005)의 출판 계약 선인세로 1,200만 달러를, 그의 아내인 힐러리 클린턴(Hillary D. R. Clinton) 역시 자서전 『살아 있는 역사(Living History)』(2004)의 선인세로 800만 달러를 받았다. 앨런 그린스펀은 850만 달러, 토니 블레어는 350만 파운드의 거액을 받았다.

버락 오바마의 첫 번째 책인 『내 아버지로부터의 꿈(Dreams from My Father)』의 초판은 그가 흑인으로서는 처음으로 「하버드 로 리뷰(Harvard Law Review)」의 편집장이 된 후 세간의 이목이 집중되었던 1995년에 출간되었다. 이 책은 그가 민주당 연방 상원 의원이 된 2004년에 개정판으로 다시 출간되었다.

1995년에 오바마가 받은 선인세는 4만 달러 수준이었으나, 2004년 상원 의원이 될 시점에 로버트 버넷이 계약에 관여하면서 이야기는 달라졌다. 『내 아버지로부터의 꿈』과 이후에 집필할 두 권 등 총 세 권에 대한 계약금이 무려 190만 달러 수준으로 급상승한 것이다.

연방 상원 의원으로 중앙 정치 무대로 진출하는 오바마에게 거액의 선인세는 좋은 정치 자금이 되었을 것이다. 본래 정치가 돈이 많이 드는 게임 아니던가. 그런 점에서 거액의 출판 계약을 성사시키려는 유명 인사들에게 로버트 버넷과 같은 변호사는 매우 매력적인 파트너인 셈이다.

역시 로버트 버넷의 고객인 조지 부시는 1999년 텍사스 주지사 시절 첫 번째 책 『맡아야 할 본분(A Charge to Keep)』을 냈는데, 이 책도 대통령 출사표나 다름없었다. 자신을 적극 홍보하고 대통령으로서의 자질을 유감없이 보여 주는 내용들이 담겨 있기 때문이다. 그는 책이 출간된 이듬해인 2000년 11월의 대통령 선거에서 승리, 2001년 1월부터 미국의 제43대 대통령이 되었다. 조지 부시는 2009년 1월 대통령 퇴임 후 『결정의 순간들(Decision Points)』이라는 가제가 붙은 회고록을 2010년 출간 예정으로 집필하고 있고, 영부인이었던 로라 부시 역시 같은 해에 회고록을 출간할 계획이라고 한다. 조지 부시가 두 번째 책으로 계약한 선인세 규모는 발표되지 않았지만 미국 출판계에서는 1,000만 달러 수준으로 추정하고 있다.

이처럼 자서전은 유명 인사에게 한 단계 도약할 계기나 새로운 기회를 만들어 주는 데 크게 기여한다. 버락 오바마는 정치계에 뛰어들기 전인 1995년에 『내 아버지로부터의 꿈』을, 2006년에는 두 번째 책인 정치 에세이 『담대한 희망(The Audacity of Hope)』을 썼다. 첫 번째 책은 그의 정치 입문 출사표가, 두 번째 책은 그의 대통령 출마 출사표가 된 셈이다.

만약 그 두 권의 책이 없었어도 오바마는 상원 의원이나 대통령이 될 수 있었을까? 물론 단 두 권의 책으로 그가 정치가로서 성공한 것은 아니다. 하지만 그 책들이 오바마에 대한 대중적 지지와 정치적 인지도를 높이며 '미국의 대통령감'이라는 인식의 형성에 기여한 것은 틀림없다고 할 수 있다. 정치인에게 책이 가지는 대중적 파워란 바로 이런 것이다. 대통령이 된 덕분에 그의 책은 전 세계에서 베스트셀러가 되었다. 지금도 오바마의 책은 새로운 지지자와 우호자들을 계속 만들어 내고 있는 것이다.

거액 계약을 통한 자서전 출판은 유명 인사들이 누릴 수 있는 기회다. 자신에게 유리한 페이퍼를 돈 한 푼 들이지 않고 대량으로 만들어 뿌릴 수 있는 데다가 막대한 돈까지 벌 수 있기 때문이다.

선인세로 수백만 달러를 받는 것부터가 확실히 매력적이다. 앞서 소개한 빌 클린턴의 1,200만 달러를 비롯, 수백만 달러 수준인 정치인들을 비롯해서 교황 요한 바오로 2세는 850만 달러, GE의 경영자였던 잭 웰치(John F. Welch Jr.)는 710만 달러, 미국 국무 장관을 지냈던 콘돌리자 라이스(Condoleezza Rice)는 250만 달러에 출판 계약을 맺었다.

스포츠 스타들에게도 자서전의 러브콜은 이어진다. 2008년 베이징 올림픽에서 8관왕에 오른 미국 수영 선수 마이클 펠프스(Michael Phelps)의 자서전 출판 계약금은 160만 달러, 영국의 축구 선수 웨인 루니(Wayne M. Rooney)는 500만 파운드, 데이비드 베컴(David R.

J. Beckham)은 210만 파운드였다. 이들은 충분한 상품 가치 덕분에 거액의 계약금을 받을 수 있고, 그렇기 때문에 겉으로는 다른 명분을 내세우면서도 결국은 돈을 이유로 자서전을 쓰기도 한다. 토니 블레어 전 영국 총리의 자서전 출간 이유에서도 이러한 경제적 이유가 언급되었다.

> 영국「가디언」인터넷판은 토니 블레어 전 영국 총리 측근의 말을 인용, 블레어가 클린턴의 자서전『마이 라이프』출판 계약을 선금 1,200만 달러에 성사시켰던 변호사 로버트 버넷을 고용했다고 보도했다. 블레어는 350만 파운드에 구입한 주택 담보 대출을 갚기 위해 거액의 회고록 출간에 관심을 둔 것으로 전해졌다.
>
> (이순녀, '블레어, 회고록 펴내 거금 마련할 궁리',「서울신문」, 2007. 8. 18.)

책은 지적인 상품이다. 때문에 자서전을 내는 유명인들은 책을 통해 자신의 이미지도 보다 지적으로 만들 수 있고, 보다 집중된 자기 홍보도 가능하다. 다시 말해 자서전은 가장 효과적인 홍보 수단이자 자기변호의 기회가 된다. 자기 돈 들이지 않고 하는 최고의 공짜 광고인 셈이기 때문에 정치인들은 오히려 자비를 들여서라도 자서전을 내고, 출판 기념회를 하려 든다.

사실 자서전은 아무나 쓸 수는 있는 것이 아니다. 세상에 존재하는 누구나 자서전을 쓸 수는 있지만, 유명 인사가 아니고서는 남들이 그 자서전을 읽거나 그것에 호응해 주지는 않기 때문이다. 그런 점에서 자서전은 유명인들만의 특권이자, 유명해지기까지 고생했던 그들을 위한 보상이고 선물이다. 유명 인사가 된다는 것, 즉 자신의 브랜드 가치를 만들어 나간다는 것은 이런 점에서 중요한 일이며, 가장 매력적인 투자다. 그 유명세가 곧 새로운 기회를 만들어 주기 때문이다. 그 중심에 페이퍼 파워가 있다는 것은 두말할 나위가 없다.

구본형과 공병호,
그들에게 책이 없었다면?

페이퍼 파워로 기회를 만든 또 다른 사례가 있으니, 바로 구본형과 공병호다. 한국을 대표하는 자기 계발 저술가이자 베스트셀러 작가, 경영 구루로 손꼽히는 이 두 명은 모두 저술을 통해 유명해졌고, 1인 기업으로 활동하며 자신의 저술과 강연을 기반으로 비즈니스를 하는 사람이다. 자신의 경험과 전문성을 저술로 풀어내서 전파하는 이들은 꾸준히 책과 칼럼을 쏟아내고 있다.

1980년부터 2000년까지 한국IBM에서 근무했던 구본형은 자신의 첫 번째 책인 『익숙한 것과의 결별』(1998)로 베스트셀러 작가이자 자기 계발 저술가로 주목받기 시작했다. 이후 두 번째 책인 『낯선 곳에서의 아침』(1999)을 썼고, 2000년부터는 20년에 걸친 직장 생활을 마감하고 1인 기업인 '구본형변화경영연구소'를 설립, 저술과 강연을 중심으로 자신의 페이퍼 파워를 더욱더 활발하게 활용하고 있다. 그는 최근까지 열네 권의 책을 쓰고 세 권의 책을 번역했으며, 수많은 매체에 칼럼을 기고함과 동시에 강연도 활발하게 하고 있다.

공병호는 경제학 박사 학위를 받은 후 국토개발원, 한국경제연구원 등의 연구원을 거쳐 자유기업원 초대 원장을 지냈고, 코아정보시스템 대표 이사를 역임했다. 그 후 2001년에 개인 브랜드를 가진 경영연구소이자 1인 기업인 '공병호경영연구소'를 만들고 본격적으로 저술과 강연 활동을 전개하고 있다. 그가 번역한 리처드 코치(Richard Koch)의 『80/20법칙(The 80/20 Principle)』(2000)과 첫 번째 저서인 『공병호의 자기경영노트』(2001)는 베스트셀러가 되었는데, 이에 힘입어 그는 자기 계발 저술가이자 전문가로 보다 빨리 자리를 굳히게 되었다.

이후로도 그는 『10년 후, 한국』(2004), 『10년 후, 세계』(2005), 『10년 법칙』(2006), 『공병호의 변화경영』(2007), 『공병호의 창조경영』(2007), 『공병호의 소울메이트』(2009) 등 왕성한 저술 활동을 펼치며 2009년 현재까지 약 70권 정도의 저서를 집필했다. 페이퍼 파워가 그를 경제학자에서 자기 계발 전문가이자 경영 저술가, 최고의 대중 연사 등으로 만들어 낸 것이다. 공병호경영연구소 홈페이지에 의하면 그가 2007년 한 해 동안에 펼친 활동으로는 외부 강연 254회, 자기경영아카데미 56회, 외부 기고 375회, 다섯 권의 신간 발간 등이 있다. 2007년뿐만 아니라 그는 매년 이렇게 도저히 한 사람의 것이라고는 믿기지 않는 엄청난 생산력을 발휘하고 있다.

만약 구본형이 『익숙한 것과의 결별』을 비롯한 책을 쓰지 않았다면 현재의 그가 될 수 있었을까? IBM 영업관리부 부장이었던 그가 책을 통해 자신의 새로운 가치와 기회를 만들어 내지 않았다면, 여전히 어디에선가 평범한 직장인으로 생활하고 있었을 것이다. 그런 점에서 페이퍼 파워는 그를 현재의 위치로 만들어 준 원동력이라고 해도 결코 과언이 아니다.

대기업이나 외국계 기업에서 20년 근무한 사람은 무수히 많다. 그러나 모두가 구본형처럼 되는 것이 아니다. 경제학 박사나 기업의 대표 이사였던 사람도 셀 수 없을 만큼 많지만 공병호처럼 변신한 사람은 거의 없다. 이들이 자신의 경력과 전문성을 더욱더 돋보이게 하며 자신의 가치를 높여 가는 가장 큰 힘은 바로 이들이 쓴 책이다. 페이퍼 파워는 이들에게 대중성과 상업성, 그리고 전문성을 안겨 준 일등 공신이다. 한국형 경영 구루로 인정받는 그들의 성공은 책이라는 페이퍼의 힘이 있었기에 가능했던 것이다.

진중권과 조갑제,
그들의 힘은 페이퍼에서 나온다

　진보를 대표하는 논객이자 저술가로 진중권이 있다면, 보수를 대표하는 논객이자 저술가로는 조갑제가 있다. 이들은 모두 책과 글을 통해 자신들의 주장을 확산시키고 있고, 이들의 말과 글은 미디어를 통해 쉽게 인용되고 복제되어 확대 재생산되는 공통점을 가진다. 이들은 각자 자신을 지지하는 진영과 반대하는 진영이 극단적으로 엇갈리는 호불호가 명확한 사람들이다. 중간이 아닌 좌와 우에 매우 편중되어 있는 셈이다.

　진중권을 유명하게 만든 것은 1994년에 그가 처음으로 쓴 책 『미학 오디세이』다. 독일 유학 비용 마련을 위해 썼다는 이 책은, 당시 대학원을 졸업한 서른 한 살의 청년을 저술가이자 훗날 한국의 대표적인 논객으로 만드는 시발점이 된다. 1994년에 『미학 오디세이』는

1편과 2편 두 권이 출간되고, 2004년에 3편이 발간되며 총 3권으로 이뤄진 미학 소개서가 된다. 출판사를 옮겨 가며 책이 나온 바람에 정확한 판매 부수는 집계되지 않지만 50~60만 부 이상이나 팔린 것으로 추정되는 베스트셀러다. 미학을 소개하는 책치고는 파격적인 판매량이 아닐 수 없다. 1998년에 쓴 책 『네 무덤에 침을 뱉으마』는 '미학자 진중권'을 '진보 논객 진중권'으로 만드는 데 큰 기여를 한다. 당시 보수(혹은 극우) 언론인 조갑제가 연재하던 박정희 전기인 '내 무덤에 침을 뱉어라'를 패러디하며 당시 보수 진영을 자극시키고 진보 진영에서는 지지를 받았다.

진중권은 지금까지 열여섯 권(분권을 포함하면 20권)의 저서와 다섯 권의 역서를 펴냈다. 그가 쓴 칼럼이나 기고문은 셀 수 없을 만큼 많고, 그의 말은 수시로 신문과 방송에 인용되며 영향력을 발휘하고 있다. 진중권에게 페이퍼 파워가 없었다면 미학을 연구하는 진중권은 있었을지라도, 비평가이자 대표적인 논객인 진중권은 없었을 것이다.

논객으로서 진중권과 조갑제은 아주 오래전부터 인연이다. 조갑제의 연재 글을 비판하며 패러디 제목을 단 노골적인 비평서를 진중권이 썼으니 말이다. 조갑제의 '내 무덤에 침을 뱉어라'에 진중권이 '네 무덤에 침을 뱉으마'로 응수한 셈이다. 이후에도 두 사람의 공방과 상호 비판은 쉼없이 이어진다.

조갑제는 1971년 「국제신문」 기자를 시작으로, 「월간 조선」 기자와 편집장을 거쳐 조갑제닷컴의 대표로 활동하고 있다. 조갑제는 13권으로 이뤄진 『박정희 전기』를 비롯하여, 11권(분권을 포함하면 24권)의 저서를 썼다. 조갑제는 언론인으로 활동한 것만 40년 가까이 되고, 「월간 조선」에서만 20년 이상을 일했다. 대표적인 보수 언론인 「월간 조선」에 장기간 몸담은 데다가, 「월간 조선」의 편집장에 대표 이사까지 지낸 사람이니 그의 보수성은 굳이 설명치 않아도 알 만할 것이다. 직업이 기자이니 조갑제의 페이퍼 파워는 당연히 높고, 그의 책이나 글은 늘 논란이 되며 보수 진영의 지지와 진보 진영의 비난을 받고 있다. 조갑제는 자신의 페이퍼 파워를 통해 조갑제를 보수 대표 브랜드로 만들었다.

  진보 진영에는 진중권 외에도 유시민이, 보수 진영에는 조갑제 외에도 전여옥이 있다. 흥미로운 점은 각 진영의 대표적 논객으로 불리는 이들의 성공에는 자신들이 쓴 책과 글이 중요한 역할을 담당했다는 것이다. 책과 글은 이들이 성공하게 된 계기를 마련해 주었음은 물론 질적 성장과 진화, 왕성한 활동 전개에 큰 기여를 하고 있다. 잘 쓴 책 한 권은 수많은 지지자를 가진 정치 논객이나 정치 지도자를 만들어 주기도 하는 것이다. 원래 정치 리더나 논객이란 것이 무리 중에서 가장 선망되고 지지받는 사람들이 하는 것 아니던가. 무리 중에서 돋보이는 '군계일학'의 힘이 바로 페이퍼 파워에서 나오는 것이다.

필립 K. 딕과 아이작 아시모프,
그들이 쓴 대로 미래가 만들어진다

필립 K. 딕(Philip K. Dick)과 아이작 아시모프(Isaac Asimov)는 가장 유명한 SF 작가들이다. 미래의 예지 능력을 가진 듯한 필립 K. 딕과 '로봇의 아버지'라 불러도 될 아이작 아시모프는 둘 다 다작(多作)한 작가로도 유명하다.

이들은 자신들이 상상했던 것을 글로 써 페이퍼에 담아냈는데, 멀지 않은 미래에 하나씩 실현될 사실들을 마치 미리 보기라도 한 듯 눈앞에 생생히 펼쳐 보인다는 점에서 매우 놀랍다. 과학자들은 그것을 보고 새로운 무언가를 연구·개발하기도 한다. 미래에 대한 상상이 페이퍼를 통해 공유·확산되면서 진화를 거쳐 실제로 구현되는 것이다. 이들이 상상하지 않았다면, 아니 이들이 책으로 과학적 상상력을 옮겨 놓지 않았다면 지금의 과학 기술 중 일부는 아직 실현되지 않았을 수 있다. 이들의 상상보다 중요한 것이 바로 상상을 옮겨 놓은 페이퍼다. 그것이 없었다면 이들의 상상은 결코 현실이 되지 못했을 것이기 때문이다. 이것이 바로 페이퍼가 가진 또 다른 힘이다.

필름 K. 딕은 스티븐 스필버그가 영화화한 〈마이너리티 리포트(Minority Report)〉의 원작자이기도 하다. 그의 상상이 결국 과학이 되고 현실이 되고 있다. 그의 상상은 단순한 상상이 아닌 과학적 상상력, 즉 날카로운 분석과 정보 기반에 의한 상상력인 것이다. SF 전업작가였던 그는 48편의 장편 소설과 100편 이상의 단편 소설, 그리고 에세이 등을 남겼다. 놀라운 상상력 덕분에 그는 할리우드가 가장 좋아하는 SF 작가로도 자리매김을 했다. 필립 딕의 소설 중 영화된 대표적인 작품으로는 〈블레이드 러너(Blade Runner)〉, 〈토탈 리콜(Total Recall)〉, 〈임포스터(Impostor)〉, 〈마이너리티 리포트〉, 〈페이첵(Paycheck)〉 등이 있다. 대개의 SF 영화가 미래의 기술이나 유토피아를 주로 다룬다면, 필립 K. 딕은 아주 탁월한 기술적 예견 위에서 철학적이고 실존적인 메시지를 다루며 디스토피아의 암울한 미래를 그려 낸다. 장밋빛 환상만으로 그려 내는 미래가 아니라, 실제로 미래에 다녀온 듯 실감나고 구체적인 설정과 묘사는 그야말로 탁월하다. 그의 작품 속에는 가상현실과 복제 인간, 유전자 조작 식량, 기억 추출 및 재생과 제거 기술, 망막 인식 시스템, 개인별 맞춤 광고, 전자 종이, 3차원 홀로그램, 얼굴 변형 기술, GPS를 통한 위치 추적 기술 등의 미래 기술이 제시되는데, 놀라운 것은 이것들 중 상당수는 현실화되었거나 앞으로 현실화될 것이라는 점이다. 특히 그는 소설 속에서 복제 인간의 수명을 4년으로 설정해 두고 있는데, 현실에서도 복제된 동물들이 노화증으로 일찍 죽는 결과가 나왔으니 그의 상상력은 혀를 내두를 만하다. 더 놀라운 것은 무려 수십 년 전에 엄청난 첨단 기술들을 상상하고 구체적으로 묘사했다는 점이다. 오죽했으면 사람들이 필립 K. 딕에게 예지 능력이 있었다고 믿기까지 했을까.

미국의 SF 작가인 아이작 아시모프는 생화학을 전공했으나 천문학, 물리학, 화학, 생물학 등 과학 일반에 대한 뛰어난 해설자이자 스토리텔러로 능력을 발휘했다. 그는 자신의 소설에서 다음과 같은 '로봇 3원칙'을 제시한 바 있다.

> 제1조. 로봇은 사람에게 해를 끼칠 수 없다. 또한 그 위험을 그대로 지나침으로써 사람에게 해를 끼쳐서는 안 된다.
> 제2조. 로봇은 사람의 명령에 따라야 한다. 단, 그 명령이 제1조에 어긋나는 경우는 이 제한을 받지 않는다.
> 제3조. 로봇은 제1조 및 제2조에 어긋나지 않는 한 자기 자신을 지켜야 한다.

이 원칙들은 실제로 로봇 기술이 현실화되면서 더욱 부각되었다.

21세기에 들어서자 로봇 상용화 시기를 대비, 로봇에 대한 각종 규정과 기준을 마련해야 할 필요성이 대두되었는데, 아시모프의 이 로봇 3원칙이 그 중심에 있었던 것이다. 그가 상상했던 로봇은 결국 미래 사회의 로봇의 모습으로 등장했고, 그가 제시한 원칙들은 로봇을 일상의 도구이자 인류의 파트너로 인식하는 출발점이 되었다. 과학 저술가 아시모프는 로봇 3대 원칙뿐만 아니라 풍부한 상상력으로 많은 작품을 발표해 전 세계의 독자들을 사로잡았다. 특히 그가 22세 때인 1942년부터 집필하기 시작해 1992년 사망하던 당시까지 계속 집필했던 '파운데이션' 시리즈는 미래 과학 기술에 대한 상상력의 극치를 보여 준다. 또한 그의 매력은 SF 영역뿐만 아니라 신화와 종교, 문학을 모두 넘나드는 작품 세계를 보여 주었다는 데 있다. 그는 이런 작품을 일생 동안 477편이나 남겼다. 그가 집필 활동을 한 시기를 놓고 계산해 보면 1년에 무려 9.5권 이상의 책을 집필했다는 이야기다. 그렇게 많은 책을 집필하면서도 그가 빚어낸 논리정연한 상상력은 과연 어떻게 설명될 수 있을까. 그냥 픽션이 아니라 과학적 근거나 가능성을 고려해야 하는 사이언스 픽션이라는 점에서 그의 엄청난 양의 집필은 놀라울 수밖에 없다. 미래 사회를 직접 눈으로 보고 쓰지 않으면 그렇게까지 많이, 그리고 현실적으로 쓰지 못했을 것이라는 생각마저 들게 한다.

피터 드러커는 "미래는 예측하는 것이 아니라, 창조하는 것이다."라는 말을 한 적이 있다. 필립 K. 딕과 아이작 아시모프는 미래를 예측하기만 한 것이 아니라, 미래를 창조해 낸 것이다. 두 사람이 그려 놓은 미래대로 실제로 많은 것이 이뤄지고 있기 때문이다. 페이퍼 파워는 미래를 창조해 내는 데에도 탁월한 도구인 셈이다.

페이퍼 파워의 두 번째 힘
– 새로운 브랜드를 창조한다
♣ 핵심 정리 ♣

잘 쓴 페이퍼 하나로 일약 스타가 되는 경우가 있다. 그들에게 페이퍼 파워는 브랜드를 창조하는 원동력이다. 4장에서는 페이퍼로 강력한 브랜드를 창조한 이들의 사례를 통해서 페이퍼 파워를 이야기했다.

01 페이퍼가 가지는 중요도가 높은 만큼, 비즈니스에서 페이퍼를 소홀히 하는 기업은 수천억 대의 손실을 볼 수도 있다. 페이퍼는 공식적인 기록이고, 사소한 실수 하나에 희비가 엇갈릴 수도 있는 것이기에 매우 중요하게 다뤄야 한다.
또한 잘 쓴 페이퍼 하나는 열 마케팅이나 열 로비가 부럽지 않다. 페이퍼 파워는 비즈니스에 있어서 가장 강력한 무기이자 기회를 부르는 힘이다.

02 앨빈 토플러는 『미래의 충격』에 이어 『제3의 물결』을 통해 세계 최고의 미래학자로 자리를 굳혔다. 그에게 부와 명예를 가져다준 것은 그의 책, 즉 페이퍼 파워다. 본래 저널리스트였던 토머스 프리드먼이나 말콤 글래드웰이 세계적인 경영 구루로 도약할 수 있었던 것도 페이퍼 파워 덕분이었다.

03 유명 인사에게 있어 자서전은 자신을 홍보하고 자신의 개인 브랜드를 보다 강력하게 만들어 주는 매력적인 수단이다. 또한 『기네스북』과 『미슐랭 가이드』처럼 처음에는 기업의 마케팅 차원에서 만들어진 책이 나중에는 오히려 그 기업을 홍보하고 브랜드 인지도를 높이는 데 도움을 줄 수도 있다. 이처럼 페이퍼 파워는 브랜드의 힘을 높이는 가장 강력한 도구가 된다.

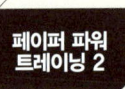
페이퍼 파워 트레이닝 2

나만의 책 쓰는 법, 아홉 가지 실전 지침

책은 아무나 쉽게 쓸 수 없는 것이기는 하나, 반드시 특별하고 대단한 사람들만 쓸 수 있는 것도 아니다. 직장인들에게도 책 쓰기에 도전함으로써 개인 브랜드의 가치를 얼마든지 높일 수 있기 때문이다. 지금부터 말하는 아홉 가지 실전 지침을 명심하라. 책 쓰는 것이 결코 쉬운 것은 아니지만, 이 지침들을 잘 따르면 분명 당신도 할 수 있다.

① 책 쓰는 것에 대한 두려움을 버려라

책 쓰기의 가능성은 많이 읽는 습관, 많이 써 보는 습관에서부터 비롯된다. 너무 간단하다고? 아무리 급해도 바늘허리에 실을 꿰서 쓸 수는 없다. 원래 기본을 따르는 것이 가장 강하고 가장 빠르게 결과를 가져오는 법이다.

책은 짧은 호흡의 아이디어로 쓰는 것이 아니라, 긴 호흡의 내용과 구성력으로 쓰는 것이다. 하루에 A4 용지 한 장씩 1년 동안 정리하면 365장이나 된다. 웬만한 책 두 권에 가까운 분량이다. 즉, 하루에 A4 용지 반 장씩으로만 정리해도 1년이면 책 한 권을 쓸 만큼의 분량은 되는 것이다.

당장 오늘부터 집에서 A4 반 장씩 써 보자. 몇 글자, 아니 몇 줄 쓸 것도 없이 금방 채워지는 분량이다. 분명 책은 아무나 쓸 수 없는 것이지만, 적어도 페이퍼 파워에 관심을 가지고 있는 여러분은 그 '아무나' 가 아니지 않은가.

② 쓸 내용부터 정하라

대개 책은 이론서와 실용서 두 가지로 나뉜다. 흔히 대학 교수를 비롯한 박사들이 써야 할 것이 이론서고, 실용서는 해당 분야의 실무 경험자와 노하우를 가진 사람들이 그것을 필요로 하는 사람들을 대상으로 쓰는 책이다. 직장인들은 자신의 전문 혹은 관심 분야의 오랜 경험이나 전문성을 담은 실용서에 도전하는 것이 좋다.

그렇다면 무엇을 써야 할까? 일단 '남들은 모르고 궁금해하지만 나는 아는 것'을 찾아보자. 예를 들어 10년 동안 보험 영업을 한 사람이라면 영업 현장에서 사람을 상대하는 노하우를 자신의 사례와 함께 쓰는 것이다. 그 내용을 좀 다듬고 살을 좀 붙이면 '세일즈맨을 위한 고객 응대 노하우'라는 번듯한 제목의 책이 될 수 있는 것이다.

다른 직업군에 있는 사람도 마찬가지다. 직장인들이라면 그 분야에서 자신이 쌓은 노하우가 있기 마련이다. 그것들을 정리하는 것은 비단 책 쓰기가 아닌 자신의 직무를 위해서도 한 번쯤 해 두면 좋은 일이다. 정리한 정보를 책이 아닌 홈페이지나 온라인 카페, 포럼 등을 통해 공유해도 좋고, 후배 직원들을 위한 교육용 자료로 사용해도 좋다.

③ 벤치마킹할 책을 찾아라

벤치마킹은 기존의 책들과의 차별성을 위한 독창적 내용과 결론을 도출하고자 하는 목적을 가진다. 국내에서 1년에 새로 나오는 책만도 수만 권이니, 그전에 나온 것들까지 합하면 그 수가 어마어마하다. 따라서 웬만한 주제의 책은 이미 거의 나와 있다고 해도 과언이 아니다. 그러니 기존의 책들을 조사해서 이전에는 다루어지지 않은 방향이나 사례들로 자신의 글을 차별화시켜야 하고, 그 책보다 더 나은 책을 만들고자 노력해야 한다.

만약 쓰고자 하는 주제와 비슷한 기존의 책이 없다면 그 아이템은 시장성이 전혀 없기 때문이거나, 아무도 아직 그 주제로 책을 쓸 생각을 하지 못했기 때문이다. 후자라면 아주 좋은 기회를 잡은 것이지만, 만약 전자라면 열심히 쓰더라도 출판이 어려울 수 있다. 그러니 자기가 쓰고자 하는 책과 비슷한 것이 세상에 아직 나오지 않았다고 무조건 좋아하지는 마라. 하지만 아직 나오지 않은 새로운 분야의 첫 책을 쓴다는 기회는 그리 흔치 않기에 그런 분야를 찾는 데만 너무 애쓰는 것은 권하지 않겠다.

④ 문장력보다 내용의 충실함을 고민하라

"난 글을 잘 못 써."라고 말하지 마라. 책 쓰는 것에서 소위 말하는 글쓰기 능력, 즉 문장력은 중요하기는 하지만 그것이 절대적인 기준은 아니다. 실용서 집필에 필요한 것은 문장력보다 참신한 내용과 수요 많은 정보이고, 자신만의 노하우 및 그것을 정리할 수 있는 능력이다. 글치가 아니라면 전혀 문제없다. 그리고 매끄럽지 못한 문장은 출판사에서 교정이나 윤문과 윤색 등을 통해 바로잡아 줄 수도 있으니 걱정하지 마라.

중요한 것은 내용과 구성, 근거와 주장이다. 이것이 좋으면 문장력은 상대적으로 약해도 무방하다. 좋은 재료는 특별한 솜씨 없이도 맛있는 음식이 되는 것처럼, 책도 마찬가지다. 그러나 재료가 부실하면 아무리 뛰어난 문장력을 발휘해도 그리 매력적인 책이 되긴 힘들다. 그러니 최대한 많이 읽고, 많은 정보를 수집하고, 그것을 분석하고 통찰하라. 정보는 양보다 질이고, 팩트 그 자체보다는 그 속에 숨겨진 이면을 통찰하는 것이 중요하다.

⑤ 콘셉트와 목차가 절반이다

시작이 반이라고 하듯, 콘셉트와 목차만 잡으면 책의 절반은 쓴 것이나 다름없다. 그만큼 콘셉트와 목차는 중요하고도 어렵다. 앞선 말한 자신의 전문성을 찾고, 관련서에 대한 벤치마킹을 충실히 하는 것에서 콘셉트와 목차 작업의 답은 얻을 수 있다.

일단 잡은 콘셉트는 끝까지 유지하는 것이 좋다. 콘셉트가 흔들리면 책 전체 구성이 흔들리기 때문이다. 긴 호흡으로 최소한 몇 달에 걸쳐서 써야 하는 것이 책이다. 따라서 방향이 정확하지 않으면 몇 달 이상을 같은 흐름으로 쓴다는 것이 불가능하다. 콘셉트가 명확치 않으면 내용이 왔다 갔다 하고, 전체적인 일관성이나 구성의 균형도 깨진다.

반면 목차는 초기에 자료 조사를 거듭하거나 글을 쓰면서 수없이 고치게 된다. 그러니 목차가 수시로 수정된다고 너무 걱정하지는 마라. 기억하자. 콘셉트는 우직하게, 목차는 융통성 있게!

⑥ 내용을 돋보이게 할 형식을 갖춰라

형식도 벤치마킹 대상이다. 자신이 쓰고자 하는 책에 맞는 형식을 기존의 책들에서 찾아서 그 틀에 맞게 내용을 써 나가자. 참고할 책은 쓰고자 하는 책과 분야가 달라도 상관없다. 오히려 다른 분야의 책에서 발견한 좋은 형식을 응용함으로써 새롭고 참신한 구성을 이끌어 낼 수도 있기 때문이다. 다만 형식을 지나치게 화려하거나 복잡하게 만들지는 말자. 형식은 보다 체계적인 내용 구성을 위해 필요한 것이지, 그 자체가 주인공은 아니기 때문이다.

소제목 단위의 짧은 글들을 좀 더 큰 중제목 밑으로, 또 그것을 보다 큰 제목인 파트 단위로 그룹핑하는 것도 형식이고, 이 책에서처럼 하나의 파트 뒤에 전체를 요약하고 생각할 이슈를 제시하거나 실용적인 팁을 제시하는 것도 형식이며, 그림이나 도표를 그려 넣고 설명하거나 인터뷰를 넣는 것도 형식이다. 다양한 형식을 알고 있다면 내용을 보다 효과적으로 구성하는 데 도움이 된다. 그러니 여러 분야의 독서는 글쓰기를 위한 가장 기본적이면서도 필수적인 요소다.

⑦ 손과 발로 자료를 수집하고 분석하라

흔히들 "한 권의 책을 쓰기 위해서는 백 권의 책을 읽어야 한다."라고 한다. 책을 쓴다는 것은 자료를 조사하고 그것을 분석하는 일이라고 해도 과언이 아니다. 문학 작품이 아닌 다음에야 앉아서 머릿속에 떠오르는 내용만으로 책을 써서는 안 된다. 근거가 타당하려면 다양하고 객관화된 조사 결과가 필요하다. 조사의 양이 분석의 질을 결정한다고 해도 과언이 아니니, 자료 조사를 귀찮아하거나 게을리해선 안 된다.

우선 자신이 가진 자료부터 다시 정리하고 분석하자. 이미 확보된 자료를 분석하는 과정을 거치면 이후에 조사할 자료에 대한 윤곽도 보다 명확히 잡을 수 있고, 다음 조사 작업도 보다 체계적으로 하는 것이 가능해진다.

인터넷도 한껏 활용하자. 국내 주요 도서관의 자료는 모두 인터넷에서 찾을 수 있으니 최대한 이용하고, 뉴스나 블로그, 문서 자료 등에서 검색된 다양한 결과 중 좋은 자료를 발견하면 따로 스크랩해 두자. 단시간에 가장 빨리 할 수 있는 조사가 바로 인터넷을 통한, 즉 손으로 하는 조사다. 그다음 조사가 발로 하는 조사다. 국회 도서관이나 각종 도서관에서 문헌 자료와 책을 찾아보는 것도 빼놓지 말아야 한다.

⑧ 출판사 문턱이 높다고 주저하지 마라

책을 출간하고 싶은데 아는 출판사가 없다고? 당연하다. 처음에는 필자도 출판사 주소와 팩스번호, 전화번호만을 바탕으로 무작정 찾아다니곤 했다. 1년여 동안 10여 개 출판사를 돌아다닌 끝에 필자의 첫 번째 책이 나왔다. 발품 팔며 다니면서 출판사 측에 열심히 출간 필요성을 설명하고 설득한 끝에 이룬 결과였다. 그 뒤로는 매년 한두 권 정도를 계속 썼고, 지금 여러분이 보고 있는 이 책은 필자의 열일곱 번째 책이다. 필자 자신이 페이퍼 파워를 제대로 누린 사람이기 때문에 그 경험과 효과를 담아서 이 책을 쓴 것이다. 만일 첫 번째라는 단추를 끼우지 않았더라면 현재가 가능했을까? 누구에게나 첫 번째는 있게 마련이다. 결코 쉽지만은 않을 그 첫 번째를 두려워하고 피하지 않는다면, 여러분의 책 쓰기 도전은 성공할 수 있다.

출판사의 홈페이지, 그 출판사에서 출간된 책, 신문 지면의 광고 등 찾으려고만 하면 출판사와 바로 연결되는 경로를 쉽게 찾을 수 있다. 그러니 아는 출판사가 없었더라도 지금부터 알면 된다. 출판사에서 일하지 않는 한 출판사와 잘 알고 지내는 이는 드물다. 그러니 출판사를 잘 모른다고 겁먹을 이유는 전혀 없다.

당부컨대, 자비로 책을 출간하지는 말기를 바란다. 간혹 그렇게 해서라도 책을 내려는 사람도 있는데 그건 별로 도움이 안 된다. 책은 자신의 전문성을 대외적으로 객관화하여 인정받는 기회인데, 그것을 자비로 출판한다면 혼자 만족하려고 돈 내서 찍은 경우로 전락할 가능성만 높아진다.

어렵게 출판사에 연락하여 출간 기획안이나 원고를 보냈는데 퇴짜를 맞는 경우도 있다. 그렇다면 그건 다 이유가 있어서다. 출판사의 편집자들이 내리는 판단이 100퍼센트까지는 아니지만 대개는 맞다. 그러니 퇴짜를 받는다면 다시 수정 보완하며 원고를 더 진화시켜 보길 바란다. 퇴짜에 굴하지 않고 다른 출판사를 찾아보는 것도 좋지만, 여러 출판사에서 퇴짜를 맞는다면 자신의 원고에 문제가 있는 것은 아닌지 냉정히 되돌아봐야 한다. 세상엔 100번 찍어도 안 넘어갈 나무도 있으니, 무조건 고집하며 달려들지는 말자. 잠시 도끼를 내려놓고 다시 생각하며 작전을 짜는 것이 현명할 때가 많다.

⑨ 쓰고 또 써라

당신의 책을 쓰는 가장 현실적인 방법은 첫째도 둘째도 '써 보는 것'이다. 쓰지 않고서는 결코 책을 낼 수도 없고, 책 낼 기회가 오더라도 준비된 원고가 없다면 그 기회를 놓치고 만다.

자, 지금부터 1년을 계획하고 준비해 보라. 준비한 것을 바로 책으로 출간할 수 있으면 더 좋겠지만, 설령 그렇지 못하더라도 여러분은 적어도 자신만의 노하우를 정리한 노트를 가질 수 있지 않은가. 그 내용을 토대로 또다시 준비한다면 수년 내에 분명 자신의 책을 출간할 수 있을 것이다.

페이퍼 파워는 쓰면서 진화한다. 당신의 페이퍼가 세상에 등장하며 당신의 가치를 높여 줄 페이퍼 파워를 발휘할 날을 그려 보고, 그날을 위해서라도 지금부터 쓰자. 쓰고 또 쓰자. 자꾸 쓰자. 쓴 것을 버리기도 하고, 남에게 읽혀 보기도 하며 고쳐 쓰고 또 쓰자. 그 과정을 주저한다면 당신의 책을 만날 기회도, 페이퍼 파워를 통해 당신의 가치를 높여 볼 기회도 찾아오지 않는다는 사실을 늘 기억하자.

제 5 장

페이퍼 파워의 세 번째 힘
- 세상을 내 편으로 만든다

오바마 대통령은
페이퍼에 의존한다?

　버락 오바마 미 대통령은 연설할 때 텔레프롬프터(teleprompter, 스크린을 통해 원고를 보여 주는 장치)를 보며 그것과 토씨 하나도 틀리지 않게 내용을 말한다. 커닝을 한다느니 앵무새라느니 하는 비판도 있지만, 사실 이것은 바람직한 방법이다. 그가 그런 방법으로 연설을 하는 이유는 즉흥적인 연설보다 정리된 페이퍼에 따른 연설이 더 효과적임을 알기 때문이고, 자신의 말이 강한 파급력을 가진다는 것도 인식하고 있기 때문이다. 즉, 준비되지 않은 말을 즉흥적으로 하는 과정에서 발생할 수 있는 실수나 실언을 근절시키기 위한 신중하고 전략적인 태도인 것이다. 좋은 연설, 다시 말해 효과적이고 전략적인 연설은 치밀하게 준비된 페이퍼를 잘 읽는 것이지, 결코 페이퍼를 거치지 않고 즉흥으로 떠오른 것을 입 밖으로 내뱉는 것이 아니다.

「뉴욕타임스」는 6일 "오바마는 역대 미국 대통령 중 '텔레프롬프터'를 가장 즐겨 사용하는 대통령"이라고 보도했다. 오바마가 가는 곳이면 어디나 텔레프롬프터가 따라다닌다. 오바마가 텔레프롬프터에 집착하는 이유는 자신의 말을 엄격히 통제하려는 성향이 강하기 때문이다. 즉흥 연설을 할 경우에는 자칫 전달하려던 메시지에서 벗어나거나 불필요한 말실수를 할 가능성이 큰데 오바마는 이를 매우 꺼린다는 것이다.

(김민구, '연설의 달인 오바마 비법은 커닝?',
「조선일보」, 2009.3.7.)

    정치가를 비롯한 공인들 중 공식적인 자리에서 즉흥적으로 내뱉은 말 때문에 곤경에 처하는 사람들이 간혹 있다. 고(故) 노무현 전 대통령이나 이명박 대통령도 말실수로 자주 곤혹을 치렀다. 말이 많거나 즉흥적이다 보면 실수도 많아지고, 예기치 못한 난처함을 겪는 경우도 늘어난다. 사석에서 할 얘기와 공석에서 할 얘기는 구분되어야 하고, 특히 공식적인 자리에 참석한 공인이라면 아무리 편하고 친한 사람들과 함께한다 해도 결코 그 자리가 사석이 될 수 없다는 점을 기억하여 사적인 견해나 얘기는 조심히 해야 한다.

    말의 내용에서도 말실수가 있지만, 이해의 부족으로 적절치 못한 단어를 구사하는 경우도 있다. 조지 부시 전 미국 대통령은 단어를 혼동하거나 잘못 구사함으로써 말실수를 많이 저지른 인물이다. 그는 이라크 전쟁을 앞둔 2002년 유엔(UN) 연설 도중 텔레프롬프터가 작동하지 않아 즉흥 연설을 해야 했다. 그런데 그는 "무력 행동에 앞서 유엔 결의(resolution)를 구하겠다."라는 말을 하려다가 "유엔의 결의들(resolutions)을 구하겠다."고 말하는 실수를 범했다. 유럽 국가들은 이후 "부시 대통령이 두 차례 이상의 유엔 결의를 거친 뒤 이라크를 공격하겠다던 스스로의 약속을 어겼다."라고 비난하기에 이르렀다. 잘못 붙인 알파벳 하나 때문에 대통령 자신은 물론 한 나라의 위신까지 떨어뜨리는 결과를 초래한 셈이다.

스티브 잡스와 맥월드 키노트는 애플의 최고 경쟁력

미국의 금융 주간지 「배런스(Barrons)」는 3년 이상 재임한 CEO 중 수익 및 주가 상승률, 리더십, 산업 내 위상, 기업 경쟁력 등을 평가해 매년 '세계에서 가장 존경받는 CEO 30인'을 선정해 발표하고 있다. 2009년 3월에도 발표되었는데, 30명 중 가장 굳건하게 매년 자리를 지키고 있는 사람 중 하나가 스티브 잡스다. 건강 이상으로 2009년 6월까지 요양 휴가를 낸 상태였음에도 불구하고 말이다. 그가 이끌고 있는 애플은 최근 「포춘」이 선정한 '가장 존경 받는 글로벌 기업'에서도 1위를 차지했다.

애플 하면 스티브 잡스가 떠오르고, 스티브 잡스 하면 맥월드(MacWorld Conference & Expo)에서 그가 하는 키노트(Keynote, 기조연설)가 떠오른다. 맥월드는 매년 연초에 지난해를 정리하면서 올해는 어떤 신제품이나 새로운 전략이 나올지를 발표하는, 애플로서도 큰 의미를 가진 행사다. 그런데 이 맥월드의 하이라이트가 바로 스티브 잡스의 키노트다. 그의 키노트는 세계적으로 가장 유명하고 인기 있는 키노트로 각광받고 있고, 단 한 번의 키노트로 애플의 주가를 끌어올리기도 하는 등 그 힘이 강하다. 애플이 오늘날과 같이 성장한 데에는 그의 페이퍼 파워도 매우 큰 역할을 한 셈이다.

그런데 2009년 맥월드의 키노트는 스티브 잡스가 아닌 마케팅 부사장인 필 쉴러(Phil Schiller)가 했고, 애플은 2009년을 끝으로 더 이상 맥월드에 참여하지 않을 것임을 발표했다. 스티브 잡스가 맥 월드 기조연설에 더 이상 참여하지 않겠다는 것과 치료차 요양 휴가를 떠나기로 했다는 결정을 선언한 날, 애플의 주가는 6%가량 하락하기도 했다. 사람들에게 있어 스티브 잡스 없는 애플, 스티브 잡스의 키노트가 없는 맥월드는 받아들이기 힘들었던 것이다.

스티브 잡스의 건강 추이에 따라 애플의 미래도 달라질 수 있다고 해도 결코 과언은 아닐 것이다. 그만큼 스티브 잡스는 애플에서 절대적인 존재이고, 그의 키노트나 PT는 매우 대중적이고 선도적이어서 그 힘이 강력하다. 스티브 잡스가 CEO 업무에 복귀하고 다시 공식 석상에 나타나길 바라는 사람들은 애플의 주주뿐 아니라, 애플 마니아를 비롯한 그의 PT를 다시 보고 싶어 하는 전 세계의 수많은 사람들일 것이다.

스티브 잡스에 대한 흥미로운 시나리오가 하나 나온 적이 있었다.

IT 전문가 데이비드 질러가 미국 주류 신문인 「볼티모어 선(Baltimore Sun)」의 웹 사이트를 통해 제시한 스티브 잡스의 경영 복귀 시나리오였는데, 질러는 애플이 발표한 시기보다 3주 앞서는 2009년 6월 8일에 스티브 잡스가 경영에 다시 참가할 것으로 예측했다. 애플 매킨토시 컴퓨터 운영 체제(OS)의 차기 버전인 '스노 레퍼드(Snow Leopard)'가 6월 8일에 공개될 예정이라는 것이 그 근거였다. 실제로 스티브 잡스는 2008년 6월 9일에 있었던 애플 전 세계 개발자 컨퍼런스(Apple Worldwide Developers Conference, WWDC)에서 '스노 레퍼드'를 1년 뒤 출시하겠다는 의사를 밝힌 바 있었다. '스노 레퍼드' 발표는 애플로서 매우 중요한 사안이고, 그런 중대 발표는 항상 스티브 잡스의 몫이었다. 스티브 잡스와 키노트는 떼려야 뗄 수 없는 것인 데다가, 스티브 잡스 자신도 그만큼 중요한 키노트는 직접 하는 것을 원할 것이기 때문에 그가 2009년 6월에 복귀할 것이라는 예상이 나온 것이다. 스티브 잡스와 페이퍼 파워의 상관관계는 그의 경영 복귀 시나리오를 만들어 내는 근거도 되었던 셈이다. 물론 그 시나리오는 시나리오에 그치고 말았지만.

스티브 잡스는 'PT의 천재'라고도 불리지만, 사실 천재가 아닌 최고의 노력가라는 편이 더 정확하다. 그는 발표할 내용을 슬라이드로 치밀하게 준비하고, 실제와 같은 리허설을 반복하며 연습하는 것으로 유명하다. 중요한 PT일 경우에는 3일 내내 연습하는 경우도 있다고 하니, 그의 천재성에서 비롯되었다고 생각되는 것들이 사실은 정밀한 계획과 엄청난 연습량이 만들어 낸 결과임을 알 수 있다.

'대중 연설의 귀재'라는 평가를 받는 루디 줄리아니(Rudolph W. L. Giuliani III) 전 뉴욕 시장도 연설하기에 앞서 몇 시간씩 꼭 리허설을 했다고 한다. 리허설을 한다는 것은 준비된 내용이 있다는 것, 바꿔 말하면 준비된 페이퍼가 입에 붙게끔 여러 번 반복해 읽으며 연습한 다는 것이다. 즉흥적인 말이 아닌 페이퍼에 근거한 준비된 말을 하기 위해서다. 리허설은 한 번보다는 두 번, 다섯 번보다는 열 번 하는 것이 낫다. 많이 한다고 손해될 리는 없으니, PT를 준비하는 사람이라면 이처럼 시간이 허락하는 한 최대한 많은 리허설을 거쳐야 보다 좋은 결과를 얻을 수 있을 것이다.

미국의 경제 전문 주간지「비즈니스위크(Business Week)」인터넷 판은 2008년 1월 25일자에서 스티브 잡스 식의 프레젠테이션을 위한 10계명을 실었다. 이것을 소개하면 다음과 같다.

① 프레젠테이션의 화제를 제시하라.
② 제품에 대한 발표자의 열정을 드러내라.
③ 프레젠테이션의 전체적인 윤곽을 제시하라.
④ 숫자에 의미를 부여하라.
⑤ 청중이 잊지 못할 순간을 만들라.
⑥ 시각적인 슬라이드를 만들라.
⑦ 멀티미디어를 활용해 볼거리를 제공하라.

⑧ 작은 실수에 당황하지 말라.

⑨ 제품의 이점을 확실히 홍보하라.

⑩ 연습하고 연습하고 또 연습하라.

PT 잘해서 임원이 된 운 좋은 사람

　제목 그대로다. PT 한 번 잘해서 대기업의 임원까지 오른 사람이 있다. 농담이 아닌 사실이다. 물론 한 번의 PT로 단번에 임원이 된 것은 아니지만, 뛰어난 PT 실력으로 직장 내 입지를 탄탄히 다지며 결국 임원까지 오른 것이다.

　대기업 회장에게 있어 계열 회사들을 순회 방문하며 경영 상황을 점검하고 보고받는 것은 아주 일상적인 일이다. 그런데 이런 보고의 자리에서 회장의 눈에 잘 들어 새로운 기회를 잡은 인물들은 어느 기업이나 존재하고, 특히 과거에는 더더욱 많았다. 기업 내에서는 무소불위의 강력한 힘을 가진 회장이기에, 그의 눈에 든다는 것은 고속 승진의 지름길이 된다.

　이렇게 PT를 잘해서 회장의 눈에 띄고 기회를 잡은 사람들의 일화는 주요 기업에(심지어 군대에도) 하나 이상 꼭 있다. 유명 기업들의 전설이나 야사로 불리며 구전되는 과정에서 팩트에 살이 좀 붙어 과장되기도 하지만, 상당수는 실제로 있었던 일이다. 여기에서는 그런 운 좋은 사람 중 한 명을 소개한다.

고 정주영 현대그룹 회장과 관련된 일화다. 1980년대의 어느 날 정 회장이 현대그룹의 계열사인 현대백화점, 그것도 본사가 아닌 울산점을 찾았을 때의 일이다. 당시 회장 업무 보고를 맡은 것은 실무자인 대리급 사원이었는데, 그는 회장이 흡족할 정도로 너무나도 PT를 잘했다고 한다. 정 회장은 "저렇게 PT를 잘하는 유능한 인재는 지방 말고 본사에 두어야 하지 않겠냐."라고 말했고, 덕분에 그 대리는 순식간에 본사로 올라가게 되었다.

그것이 끝이 아니다. 사장도 아닌 그룹 회장의 추천을 받아 본사로 온 인재이니, 본사에서도 그를 배려하지 않을 수 없었다. 게다가 정 회장은 현대백화점의 사장을 만날 때면 "그때 본사로 올려 보낸 그 대리는 잘 지내냐."라는 얘기를 안부 삼아 물었다고 한다. 결국 회장에게 하는 업무 보고의 담당자는 자연스럽게 그 대리가 되었고, 중요한 PT 때마다 보고자가 된 그 대리는 현대그룹 내에서도 'PT 잘하는 사람'으로 강하게 인식되었다. 현대그룹의 다른 계열사에서도 회장 보고를 비롯하여 중요한 PT가 있을 때면 그 대리를 찾는 일이 잦아졌다. 그러는 사이 그는 대리에서 과장, 부장, 상무까지 승진했다. 회장이 늘 관심을 가지고 지켜보던 직원이다 보니 언제나 요직에 있을 수 있었고, 수월하게 승진도 하게 된 셈이다. 그는 여전히 그룹 내에서 'PT의 모범 답안'으로 불리고 있고, 그룹 내 여러 계열사들은 그에게 PT 자문을 요청하기도 한다.

비슷한 사례가 또 있다. 고건 전 총리는 여러 정권에서 두루 요직을 거친 인물로 대통령 후보로까지 거론된 성공한 공무원의 대표 사례다. 많은 사람들은 그가 공직 생활 초기부터 돋보이며 승진 가도를 달릴 수 있었던 요인 중 하나로 그의 탁월한 PT 능력을 꼽는다. 과거에는 보고를 할 때 차트를 많이 만들었는데, 고건은 대통령이나 장관에게 보고를 매우 잘했다고 한다. 높은 사람의 눈에 띈 사람이 빠르게 승진하는 것은 당연하다. 그의 여러 능력 중에서도 PT 실력은 그를 최고의 위치에 오르게 하는 데 매우 중요한 밑거름이 된 셈이다.

일할 때 드러나는 여러 모습 중 가장 겉으로 확실하게 나타나고 확인 가능한 것이 바로 커뮤니케이션 능력이고, 그중 최고는 단연코 PT 능력이다. 때문에 PT 한 번으로 누군가의 가치가 수십 배나 급등하는가 하면, 직장 내에서는 직원급에서 임원급으로 성장할 교두보를 마련하기도 한다. 특히 기업의 경영진들 앞에서 PT 실력을 발휘한 사람은 순식간에 매우 유능한 직원으로 인정받게 된다. 앞서 소개한 사람은 운 좋은 사람이 아니라, 페이퍼 파워를 가진 능력 있는 사람이다. 그 능력이 때를 만나 운도 만든 것이다. 불변의 진리는 성공의 운은 준비된 자에게만 온다는 사실이다.

'잘한 PT 한 번은 열 로비 안 부럽다'는 말이 있다. 대개 경쟁 입찰이건 투자 유치건 간에 최종적인 결정은 PT 때 이뤄진다. 그만큼 PT의 중요성이 크다. 선호도 면에서 아무리 앞서 있더라도 마지막 PT에서 호감을 사지 못하고 다른 경쟁사의 PT에 뒤진다면 그간의 모든 노력도 물거품이 된다.

    비즈니스에서 PT의 중요성은 나날이 커져 간다. 지방 은행인 대구은행이 성공적인 IR을 통해 외국인 투자자들의 선호를 받게 된 것도 PT의 효과가 발휘된 예다. PT의 효과를 경험한 대구은행은 내부의 모든 회의에서도 PT 방식을 활용한다고 한다. 전사적인 PT 문화 정착인 셈이다. 그리고 대구가 러시아의 모스크바와 호주의 브리즈번을 제치고 2011년 세계 육상 선수권 대회를 유치한 것이나, 인천이 인도의 뉴델리를 제치고 2014년 아시안 게임을 유치한 것도 PT가 숨은 공신으로 작용했기 때문이라는 평가를 받는다. 이러니 PT 잘하는 사람은 어떤 조직에서든 기회를 잡기가 보다 수월해지는 것이다.

편지 쓰는 CEO :
편지 한 통이 조직을 뭉치게 하고
실적을 춤추게 한다

이화언 전 대구은행장은 취임 때부터 4년 동안 신변잡기부터 경영 철학까지 담은 'CEO 레터'를 직원들에게 매주 한 차례씩 한 번도 빠짐없이 182번이나 보냈다. 이는 뉴스 레터를 보내는 CEO의 경영 성과가 탁월하다는 증거를 보여 주는 대표적인 사례이기도 하다. 이 전 은행장이 재임하는 동안 대구은행은 대구 지역의 은행 시장 점유율에서 44%라는 경이적인 수치를 달성했고, 사상 유례 없는 규모의 단기 순이익도 기록했다. 이 전 은행장은 퇴임하면서 'CEO 뉴스 레터'를 모아 책으로 내기도 했다.

삼성SDS의 김인 사장은 매주 월요일마다 직원들에게 '월요 편지'를 보낸다. 2003년 1월 취임 직후부터 한 주도 거르지 않고 보내기 시작한 편지는 어느덧 수백 통에 이르렀다.

편지의 내용은 특별하지 않다. 그저 최고 경영자로서 회사를 경영하면서 느끼는 어려움과 희망, 비전, 경영 계획과 중점 사항 등 사무적인 내용도 포함돼 있지만 인생의 선배로서 들려주는 삶의 철학 및 경험담, 좋은 책 소개 등이 진솔하게 담겨 있다. 그런데 이렇게 어찌 보면 평범하다 할 수 있는 내용에도 불구하고 '월요 편지'를 보내기 시작한 후 직원들의 회사에 대한 만족도는 두 배나 높아졌다. 뿐만 아니라 2002년 말 100억 원에 불과했던 삼성SDS의 영업이익은 2005년 2,000억 원으로 3년 만에 무려 20배가 늘어났다. 김 사장이 직원들에게 매주 보내는 '월요 편지'가 성장의 원동력이 됐음은 두말할 나위가 없다.

2003년 3월 한화그룹 계열 광고 대행사인 한컴에 부임한 정이만 사장은 광고주들이 대거 떨어져 나가 직원들의 사기가 저하되어 있음을 보고, 매주 한 통씩 전 직원들에게 이메일을 보내기 시작했다. 사기 진작과 함께 조직의 결집을 바랐기 때문이었다. 편지의 내용은 '월요 편지'와 마찬가지로 회사 돌아가는 이야기, 날씨 등 계절 이야기, 가족 이야기 등 평범하고 다양했다. 편지를 쓰면서 120여 명에 달하는 한컴 직원들의 이름을 모두 외운 정 사장은 지나가다 직원들과 마주쳐도 이름을 불렀고, 직원을 줄이기는커녕 오히려 더 늘렸다. 그렇게 하다 보니 거짓말처럼 실적이 좋아졌다. 굵직한 광고주가 늘어나면서 부임 1년 만에 매출도 두 배로 늘어난 것이다. 2004년 10월 한컴을 떠나 63시티 사장으로 옮긴 후 지금까지도 그는 직원들에게 매주 편지 쓰는 일을 계속하고 있다.

김쌍수 전 LG전자 부회장은 매달 나오는 사보에 직원들에게 보낼 글을 직접 썼다. 인터넷이 발달하지 않았던 과거에 사보는 CEO들이 가장 쉽게 직원들에게 정기적으로 메시지를 보내는 방법이었다. 그러다가 인터넷을 활용해 뉴스 레터를 보내는 CEO들이 늘어나면서 사보의 역할은 이메일로 점차 대체되고 있다. 신년사를 비롯해 1년에 몇 번씩은 전 직원에게 이메일을 보내는 CEO들도 꽤 많고, 매달 한 번씩 보내는 CEO들도 점점 늘어나는 추세다. CEO에게 있어 이메일이나 뉴스 레터는 이제 선택이 아니라 필수가 되고 있다. 조직을 뭉치게 하고, 회사의 비전과 정보를 공유하게 하는 최고의 방법이 되고 있기 때문이다.

편지 한 통의 놀라운 힘을 처음 선보인 뉴스 레터는 '고도원의 아침편지'다. 취미로 시작한 이 뉴스 레터는 쉽고 보편적인 내용을 다루며 대중의 인기를 얻었다. 그 과정을 통해 서서히 성장하며 수많은 사람들과 공유·확산된 '고도원의 아침편지'는 책으로 엮였고, 온·오프라인을 넘나들며 커뮤니티를 만들었으며, 하나의 비즈니스와 재단이 되었다.

'고도원의 아침편지' 이후 그것의 성공을 벤치마킹한 뉴스 레터의 변종들이 많이 등장했다. CEO들의 편지 쓰기가 늘어난 것도 그 영향 때문이라고 할 수 있다. 그러나 수많은 시도들 중 정착하고 활성화된 것은 드물다. '고도원의 아침편지'와 함께 대표적인 뉴스 레터로는 '조영탁의 행복한 경영 이야기', '공병호의 Gong's Letter', '예병일의 경제 노트', '권대우의 경제 레터' 등이 있다.

    이처럼 뉴스 레터는 온라인으로 발행되는 페이퍼이기에 수백만 명의 공감을 이끌어 냄과 동시에 새로운 힘을 발휘하고, 비즈니스 기회를 만들어 내기도 한다. 페이퍼 파워의 힘은 온·오프라인의 구분을 넘어설 정도로 강력한 것이다.

평사원도 스타로 만들어 낸 뉴스 레터

몇 해 전 신문에서 입사 3년차의 한 여성 직장인을 다룬 기사를 본 적이 있다. 개인적으로 무척 흥미로운 기사였기에 언젠가는 책에서 꼭 한 번 소개하고 싶어 기억해 두었다.

신문의 주목을 받는 인물들은 대개 남과 다른 특별함을 갖춘 사람들이고, 게다가 자신의 일과 관련해서 신문에서 다뤄지는 직장인이라면 조금 특별한 사람 정도가 아니다. 그런데 입사 3년차에 불과한 그녀는 도대체 얼마나, 어떤 점에서 특별했기에 신문의 주목 대상이 된 것일까?

놀랍게도 그녀에겐 페이퍼 파워가 있었다. 그녀는 자신이 속한 업계의 최신 정보를 담은 뉴스 레터를 개인적으로 준비해 기업 고객들에게 보낸다는 것이었다. 회사 차원에서 하기도 쉽지 않은 일을 경영자도 아닌 신입 사원이 시작했다는 것은 분명 대단한 일이다. 신문에 소개될 시점의 그녀는 입사 3년차였지만, 그녀가 뉴스 레터를 만들고 업계에서 주목을 끈 것은 갓 입사한 후 얼마 지나지 않았을 때부터였다 하니 놀라지 않을 수 없다. 오랫동안 그 업무를 담당했던 다른 사람들은 왜 그런 생각을 못 했을까? 아니, 왜 실행을 못 했을까?

남들과 다른 그녀만의 차이점은 그녀를 더욱 주목받게 만들었고, 몇몇 일간지들은 큰 지면을 그녀의 이야기에 할애하며 소개하기에 이르렀다. 그 후에도 분명 그녀는 그 회사의 스타급 직원으로 계속 성장했을 것이다. 그녀가 가진 페이퍼 파워는 그녀의 승진에도, 그녀의 업무 능력에도 엄청나게 강한 무기로 작용했을 것이기 때문이다.

이제 필자가 흥미롭게 읽었다는 그 기사의 일부를 인용해 본다. 아마 이 기사를 본 독자들 중 상당수는 당장 뉴스 레터를 준비해야겠다고 마음먹게 될 것이다. 그만큼 매력적인 기사였다는 뜻이다.

> 20대 중반인 미모의 '삼성우먼'이 국내외 화학 업계를 종횡무진 누비면서 무역 현장에서 맹활약하고 있다. 주인공은 삼성물산 기능 화학 사업부 안수연(26,여)씨. 안씨는 2002년 사회에 첫발을 디딘 입사 3년차 회사원이지만 사내에서는 이미 대리, 과장급 선배들 못지않은 능력을 인정받고 있는 '무서운' 후배로 통한다. (중략) 안씨가 처음 두각을 나타낸 것은 영업 분야에서 가장 중요한 거래선 관리에

서다. 부서를 배치받은 지 얼마 뒤 업계 관련 최신 국내외 시장 정보와 시장에 영향을 미칠 만한 주요 사건, 기사, 연구 보고서를 수집해 'SS 뉴스 레터'라는 이름의 소식지를 몇몇 주요 거래처에 이메일로 보내 주기 시작한 것. 예상보다 반응이 좋아 뉴스 레터 발송은 갈수록 늘어 갔고 일부 업체들은 "왜 우리한테는 안 보내 주냐"고 항의를 해 올 정도였다. 그 결과 지금은 300개가 넘는 거래선에 하루에 몇 차례씩 뉴스 레터가 배달되고 있다. 이 때문에 안씨의 하루 일과는 아침 7시 신문, 방송을 모니터하고 인터넷을 뒤지는 것으로 시작된다.

(공병설, '뉴스 레터 쓰는 직장인, 몸값을 높이다',

「연합뉴스」, 2004.5.6.)

그나저나 뉴스 레터 잘 만드는 비결은 따로 있는 걸까? 있긴 하다. 뉴스 레터의 생명은 쓰는 사람의 꾸준함과, 받는 사람들을 위한 실용적 정보 혹은 흥미 유발 및 수준의 일관성이다. 때문에 1회성 이벤트 하듯 공력을 쏟아붓다가 용두사미 식으로 흐지부지되는 것은 안 하느니만 못한 결과다. 그러니 일단은 자신이 꾸준히 쓸 수 있는 뉴스 레터를 만드는 것이 좋다. 자신의 능력을 넘어서는 과도한 욕심을 부려선 곤란하다는 뜻이다.

뉴스 레터가 꾸준해지려면 준비에 대한 부담이 적어야 하고, 뉴스 레터 준비를 위해 정보를 검색·조사 및 정리하는 일이 자신에게 반드시 도움이 되어야 한다. 그래야만 뉴스 레터를 준비하고, 보내는 의미가 있는 것이다.

　남들이 쓴 뉴스 레터를 참고하는 것도 도움이 된다. 재미있는 것이나 도움이 될 만한 것들을 추려 내어서 자신이 만들 뉴스 레터에 적용해도 좋다. 가장 쉽게 만드는 방법은 인용이나 발췌다. 책이나 신문, 뉴스 등에서 필요한 내용을 발췌·인용하고, 그것에 자신의 코멘트를 조금 덧붙이는 것이 가장 쉽게 뉴스 레터를 만드는 방법이다.

김영세의 12억짜리 냅킨과
힐러리의 메모장

　메모는 창조의 원천이 된다. 잠깐 스치듯 떠오른 좋은 생각은 즉시 메모해 두지 않으면 사라지기 쉽다. 시간이 지나면 비슷한 생각을 떠올릴 수는 있어도, 스쳐 갔던 그것과 똑같은 것을 기억해 내기는 어렵기 때문이다.

　특히 디자이너나 카피라이터, 작가, 저널리스트, 기획자, 마케팅 디렉터, 경영 컨설턴트 등 창조적인 직업을 가진 사람들은 더욱 메모의 힘을 활용할 줄 알아야 한다. 중요한 페이퍼, 중대한 비즈니스 제안 또한 매우 사소한 아이디어나 메모 한 장에서 시작될 수 있으니, 메모를 소홀히 해선 안 된다. 메모 하나를 놓침으로써 막대한 이익이나 기회를 잃을 수도 있기 때문이다.

　세계적인 산업 디자이너 김영세가 쓴 『12억짜리 냅킨 한 장』

(2001)을 보면, 제때 필요한 메모 하나가 얼마나 큰 가치를 만드는지를 알 수 있다. 좋은 생각이 날 때 눈앞에 있는 종이는 모두 메모장이 될 수 있다. 김영세의 경우에도 종이와 펜을 잘 가지고 다니지 않는 버릇 때문에 그의 눈에 띄는 종이란 종이는 모두 메모 도구가 된다. 그래서 그 책에 자주 등장하는 메모지가 바로 냅킨이다. 실제로 호텔이나 비행기에서 그가 냅킨에 스케치하고 메모한 것이 최종 디자인으로 이어진 경우가 종종 있다고 한다. 그래서 그 냅킨 한 장의 가치는 12억 원도 될 수 있는 것이다.

필자도 자칭 메모광이다. 메모 하나가 칼럼 한 편이나 새로운 연구의 시작이 되고, 때로는 책 한 권으로 발전하기도 한다. 포스트잇 한 장이 막대한 돈이 되고, 새로운 기회를 만드는 예들을 수시로 경험하고 있는 것이다.

메모의 힘은 페이퍼 파워뿐 아니라 커뮤니케이션 능력도 키워 준다. 뛰어난 연설로 유명한 힐러리 클린턴의 비결은 바로 메모다. 그녀에겐 인용문, 속담, 격언, 성경 구절이 빼곡히 적힌 수첩이 있다고 한다. 언제 어디서라도 정곡을 찌르는 연설을 할 수 있는 그녀의 원동력은 인용할 말이 적혀 있는 그 수첩인 것이다. 머릿속에 저장된 수많은 정보를 시의적절하게 효과적으로 꺼낼 수 있다면 좋겠지만, 미리 계획하고 준비해 두는 것보다는 미덥지 못한 것이 우리 머릿속의 기억력이 아니던가.

말을 많이 하는 직업을 가진 이들 중 적지 않은 수가 책을 많이 읽는 이유 또한 그것이다. 책에서 좋은 인용구나 이야기 소재를 발견하면 노트에 기록해 두었다가 그것을 활용함으로써 자신의 경쟁력을 키우는 것이다. 특히 인기 있는 개그맨이나 사회자 중에는 독서량이 엄청난 이들이 많다. 비단 이들뿐 아니라 잘나가는 경영자나 정치인, 세일즈맨 등 남들 앞에서 얘기를 하는 기회가 많은 이들일수록 자신만의 이야기 주머니를 만들기 위해 독서를 게을리하지 않는다. 이들에게 있어 책을 멀리하는 것은 곧 스스로의 경쟁력을 떨어뜨리는 원인이기 때문이다. 즉, 이야기 주머니를 가져야 할 사람이 그것을 가지지 못한다면 결국 그 사람은 경쟁력을 잃어버려 자신의 가치를 다 발휘하지 못하고 도태될 우려가 있다는 뜻이다.

이야깃거리는 미리미리 준비해 두었다가 상황별로 사용할 수 있어야 한다. 이야기는 즉흥적인 스토리텔링이 아니다. 때문에 이야기가 가지는 힘을 최대화하기 위해서는 반드시 스토리텔링이 미리 계산되어 있어야 하고, 그것을 위해서는 자신에게 필요한 이야기 사례를 수집해서 정리해 둘 필요가 있는 것이다.

일단 힐러리의 수첩처럼 자신만의 이야기 노트를 마련하자. 그리고 이야기의 소재를 발견했다면 일부는 머릿속에 기억했다가 언제든 써먹을 수 있도록 하고, 일부는 이야기 노트에 정리해 두었다가 필요할 때마다 볼 수 있도록 하자. 이야기 소재를 찾았을 때뿐 아니라 실제로 그 이야기를 사용해 보았다면 그 장소와 상황, 상대의 반응까지도 함께 메모해 두자. 다음에 그 이야기를 사용할 때 많은 참고가 될 테니 말이다.

　메모의 힘은 자기 최면이자 동기 부여로도 이어진다. 메모(memo)는 영어 단어 '메모리(memory)'의 줄임말이다. 결국 기억(메모리)하기 위해서 쓰는 것이 메모다. 또한 메모는 남이 아닌 자신이 보기 위해 하는 것이다. 그러니 꿈이나 목표가 있다면 그것을 메모하는 버릇을 가져 보자. 스스로에게 자신의 꿈과 열망을 각인시키고 동기를 부여하기 위해 매일 수없이 반복해서 그것을 종이 위에 메모해 보는 것이다. 그러면 메모를 하고 그것을 보는 동안 스스로에게 보다 강한 채찍질을 할 수 있고, 목표를 향해서도 보다 열심히, 집중해서 매진하게 된다. 일종의 자기 주문인 셈이다.

　이런 메모를 통한 자기 주문을 통해 성공을 이룬 대표적인 사람이 바로 영화배우 짐 캐리(James E. Carrey)와 만화가 스콧 애덤스(Scott Adams)다. 짐 캐리는 설명이 필요 없는 할리우드 최고의 배우가, 스콧 애덤스는 '딜버트'라는 만화를 전 세계 2,000개 이상의 신문에 게재하는 최고의 만화가가 되었다. 둘 다 자신이 최고의 영화배우와 최고의 만화가가 되겠다는 메시지를 매일 반복해서 쓰는 자기 주문 방법을 실행했고, 그것을 통해 스스로에게 아주 강력한 동기를 부여했다고 한다.

　이것은 여러분도 할 수 있는, 아주 쉽고 간단한 방법이다. 매일 자신의 목표를 열 번씩 써 보라. 손으로 직접 쓰면서 입으로 그 목표를 따라 읽어 보라. 이것이 바로 메모를 통한 자기 주문법이다. 매우 간단하지만 짐 캐리나 스콧 애덤스처럼 효과를 본 이들도 꽤 있다. 이 방법은 자신의 목표를 향해 포기 없이 보다 오랫동안 열정을 쏟을 수 있도록 만들어 준다.

자신의 목표를 늘 잊지 않도록 메모하고 또 메모하며 스스로에게 성공을 위한 주문을 거는 것은 돈 들이지 않고 할 수 있는 좋은 동기 부여법이자 자기 최면법이다. 물론 무조건 쓴다고 해서 모두 이루어지는 것은 아니다. 그러나 자신이 매일 손으로 쓰고, 그것을 눈으로 보고 입으로 되새기는 것은 스스로를 꾸준한 노력과 도전으로 이끄는 힘이 될 수 있다.

그렇게 보면 메모는 페이퍼 파워도 키워 주고 커뮤니케이션 능력도 향상시키며, 동기 부여와 자기 주문에서도 매우 큰 힘을 발휘하는 매력적인 도구인 셈이다. 메모만 잘 활용해도 여러분의 내일은 분명히 그리고 아주 크게 바뀔 것이다.

한 불행한 천재,
그에게 페이퍼 파워가 있었다면?

　미국에서 가장 머리가 좋은 사람은 현재 50대인 크리스토퍼 랭건(Christopher Langan)이라는 남자다. 전문가가 측정한 그의 IQ는 195~210 정도라는데, 아인슈타인의 IQ가 150인 것과 비교해 보면 얼마나 높은 수치인지 실감할 수 있을 것이다. 그러나 가난과 불우한 환경 때문에 그는 대학도 제대로 졸업하지 못하고 육체노동자의 삶을 살게 된다.

　1999년 미국의 잡지 「에스콰이어(Esquire)」는 경비원으로 살아가는 그를 소개하면서 잊혀진 천재의 존재를 다시금 세상에 알렸다. 당시 40대였던 그는 경비원으로 살아가고 있었지만 철학, 수학, 물리학에 있어서 고명한 학자 못지않은 지식을 가지고 있었고, IQ 테스트에서도 여전히 뛰어난 결과를 보이며 사람들을 놀라게 했다.

그러나 그는 학술지에 논문 한 편 실을 수 없는 대학 중퇴자였고, 자신의 지식과 식견을 책으로 펴낼 생각도 가지지 못한 사람이었다. 어렸을 때의 불우한 환경은 그의 힘으로 어쩔 수 없었겠지만, 그렇다 해도 만약 그에게 페이퍼 파워가 있었다면 그의 삶은 달라졌을 것이다. 깊은 지식을 바탕으로 책을 써서 인세를 받거나 편지의 힘을 활용하여 후원자를 모집했다면 그는 학업을 마칠 수 있었을지 모른다. 그리고 훗날에는 자신의 천재성을 발휘하며 세상에 기여할 수도 있었을 것이고, 그로 인해 또 다른 기회가 그에게 주어지기도 했을 것이다.

그러나 이 시대의 천재는 현재 목장에서 말 돌보는 일로 늙어 가고 있는 중이다. 수십 년간 고도로 지적인 작업에 몰두했지만, 그 가치를 책으로 출판한 적이 한 번도 없었기에 그의 천재성은 묻혀 버리고 만 것이다. 페이퍼 파워가 있었더라면 분명 그의 인생은 지금과는 엄청나게 다른 방향으로 진행되었을 것이라는 생각에 안타깝기만 하다.

이젠 페이퍼 파워가 새로운 권력이다

　한국 언론에서는 사람을 인터뷰할 때 출신 학교부터 묻거나 소개하는 반면, 미국 언론에선 최근 저서를 먼저 묻거나 소개하고 출신 학교는 질문 리스트에서 상대적으로 하위 순위에 위치한다고 한다. 신문의 인터뷰 기사를 가만히 들여다보면 이것은 확연히 비교된다. 우리나라 신문의 인터뷰 기사에서는 인물을 소개할 때 제일 먼저 출신 학교부터 언급하는 데 반해, 미국의 신문 인터뷰 기사에서는 출신 학교를 언급하는 경우가 드물다. 대신 그가 현재 어떤 직함을 가지고 있는지, 최근에 무엇을 했고 어떤 책이나 논문 혹은 보고서를 썼는지 등 '최근에 생산한 지식 정보'에 가장 큰 관심을 보인다. 그의 과거보다 현재의 그에게 더 큰 가치를 두는 것이다.

　출신 학교는 과거의 기록이고, 최근 저서는 현재의 기록이다. 지나친 비약일지 모르겠으나, 출신 학교에 관심을 두는 우리는 과거 지향적이고, 최근 저서에 관심을 가지는 미국은 현재 지향적이라고 할 수 있다. 이처럼 지극히 실용적인 미국의 태도는 지금과 같은 지식 정보의 시대에 맞는 새로운 미덕이다. 동시에 이것은 '미국에서 언론에 소개될 정도의 명사나 전문가가 되려면 자신의 전문 분야에 대한 책이 있어야만 한다'는 것을 의미하기도 한다. 미국이 달리 지식 정보의 강국이자 선진국이겠는가.

원래 가진 것 없는 사람들이 "이래 보여도 내가 과거에는 이러저러했는데 말이야……."라는 말을 입에 달고 살지 않던가. 그러나 우리에게 필요한 것, 우리에게 중요한 것은 과거가 아닌, 오늘과 내일 우리가 달아야 할 이름표다.

자신의 경쟁력을 바라볼 때에도 이것은 마찬가지다. 자신의 사고나 태도가 전반적으로 과거 지향적인가 미래 지향적인가에 따라서 성공의 여부나 정도가 달라진다. 과거 지향적인 현실 안주가 일시적으로는 마음 편하고 이득이 된다고 여겨질지는 몰라도, 결국 장기적으로 필요한 것은 미래 지향적 접근이다. 과거에 무엇을 이루었든 오늘, 지금 계속 뭔가를 이뤄 내지 않으면 미래는 보장되지 않기 때문이다. 바로 이 '끊임없이 진화시켜 나가고 뭔가를 생산해 내는 노력'이야말로 미래 지향적 태도의 핵심이라 할 수 있다.

'유명한 의사'가 언제나 '유능한 의사'일까? '유명함'과 '유능함'이 동일한 기준은 분명 아니지만, 현실에선 유명세가 곧 유능함의 지표가 된다. 실제로 의료계뿐 아니라 어떤 분야에서든 유명한 사람은 곧 그 분야의 최고 전문가로 평가받는다. 최고 전문가라고 꼭 유명세를 얻는 것은 아니지만, 유명세를 얻으면 금세 최고 전문가로 대접받는 것이다. 유명세는 곧 힘이자 기회가 되는 셈이다.

그렇다면 여기서 질문을 던져 보자. 과연 유명해지기 위해서는 뭘 해야 할까? 우선은 미디어와 친해져야 한다. 대표적인 미디어는 방송, 신문, 잡지, 인터넷 그리고 책이다. 이들 미디어에 자신이 많이 노출되고, 자신에게 유리한 내용이 나오게 하고, 자신의 이름과 전문성을 담아내야 한다.

자, 그럼 두 번째 질문이다. 이것을 위해 무엇이 가장 필요할까? 답은 바로 책이다. 자신의 이름을 단 페이퍼가 필요하기 때문이다. 그리고 책을 출간했다는 것은 곧 그만큼 미디어에 노출될 기회도 늘어난다는 것을 뜻한다.

세 번째 질문. 도대체 왜 책을 쓰는 것이 미디어 노출과 연관된다는 것일까? 신문과 방송에서는 늘 '전문가'를 필요로 하고, 그 '전문가'를 가장 쉽게 찾을 수 있는 곳이 바로 서점가이기 때문이다.

실제로 미디어에 자주 노출되거나, 미디어를 통해 유명세를 얻는 사람들치고 저서 없는 사람은 없다. 그리고 그 책이 그 사람의 미디어 노출의 계기가 된 경우는 놀랄 정도로 많다.

그러니 유명해지고 싶다면 여러분에게 새로운 권력을 가져다 줄 페이퍼 파워를 키워서 책부터 써라. 자신의 전문성과 자신만의 콘텐츠를 먼저 가져야 책을 쓸 수 있다는 사실이 전제되어야 함은 물론이다. 한 가지 살짝 덧붙이자면, 언론은 '글도 잘 쓰고 말도 잘하는 전문가'를 선호하지만 이런 전문가는 늘 부족하다고 한다. 그러니 페이퍼 파워와 함께 말하기 능력까지 미리 키워 둔다면 미디어에 여러분이 등장하는 것은 시간문제가 될 것이다.

페이퍼 파워의 세 번째 힘
- 세상을 내 편으로 만든다
♣ 핵심 정리 ♣

페이퍼는 세상을 내 편으로 만드는 강력한 도구다. 페이퍼는 말보다 강력한 메시지를 품고 있다. 5장에서는 페이퍼로 세상을 내 편으로 만든 사례를 통해서 페이퍼 파워를 이야기했다.

01 버락 오바마 미 대통령은 연설할 때 텔레프롬프터를 보며 그것과 토씨 하나도 다르지 않게 말한다. 'PT의 천재'라고 불리는 스티브 잡스 역시 발표할 내용을 슬라이드로 치밀하게 준비하고, 실제와 같은 리허설을 반복하며 연습하는 것으로 유명하다. 이 모든 것은 '페이퍼에 근거한 준비된 말'을 하기 위해서다.

02 편지나 이메일, 뉴스 레터 한 통에도 페이퍼 파워는 담겨 있다. '고도원의 아침편지'나 삼성SDS 김인 사장이 매주 직원들에게 보내는 '월요 편지'는 그 대표적인 예다. 이런 페이퍼는 사람들로부터 공감을 얻고, 직원들의 사기를 높이며, 커뮤니티 형성이나 비즈니스 성과 향상 등으로 발전하기도 한다.

03 미국 신문의 인터뷰 기사에서는 출신 학교를 언급하는 경우가 드물다. 대신 그가 최근에 무엇을 했고 어떤 책이나 논문 혹은 보고서를 썼는지 등 '그 인물이 최근에 생산한 지식 정보'에 가장 큰 관심을 보인다. 그의 과거보다 현재의 그에게 더 큰 가치를 두는 것이다. 미국 학계에서 유행하던 말 중에 '책(논문)을 써라. 아니면 짐을 싸든가(Publish or Perish!).'라는 것이 있다. 당신은 과연 페이퍼를 출판할 것인가, 아니면 짐을 싸서 사라질 것인가?

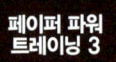
페이퍼 파워
트레이닝 3

PT 잘 만들고 잘하는 아홉 가지 방법

PT는 가장 매력적인 페이퍼 커뮤니케이션이고, 비즈니스에서 가장 활용도 높은 설득 방법이다. 프레젠테이션을 잘하는 것만으로도 당신의 가치는 훨씬 높아진다. 아래에 제시할 아홉 가지 실전 지침을 명심하라. 이제 당신도 PT 잘하는 사람으로 남들에게 평가될 것이다!

① 연습하고 또 연습하라

연습의 양이 PT의 성공과 정비례한다는 것은 불변의 진리다. 연습은 많으면 많을수록 좋다. 세 번보다는 다섯 번이 좋고, 다섯 번보다는 열 번이 좋다. 실제 상황처럼 시간을 체크하면서 연습하라.

실제 PT 현장에 가면 긴장해서 중요한 말이 떠오르지 않는 경우도 있다. PT를 해본 사람은 한 번씩 경험하는 것이 바로 머릿속이 하얗게 백지장처럼 변하는 현상이다. 미리 준비하고 연습된 상태라면 이런 상황을 쉽게 극복할 수 있겠지만, 그렇지 않을 경우에는 적잖은 시간을 허비하게 되고 청중 설득에도 실패하기 쉽다. 연습은 PT를 잘하기 위한 최고의 비법이다.

② 청중과 환경을 미리 파악하라

PT를 하기 이전에 가장 먼저 해야 할 것은 청중 혹은 클라이언트에 대한 파악이다. 상대가 뭘 원하는지 제대로 알아낸다면 설득에 필요한 무기를 준비하는 것은 수월해진다. 클라이언트가 어떤 분위기를 선호하는지, 외국어를 적절히 사용하는 것이 좋을지 나쁠지, 특정한 컬러나 이미지의 사용을 좋아하는지 싫어하는지 등을 미리 파악해 보는 것이 좋다.

PT에서는 옷차림과 외모도 중요하다. 따라서 프레젠터는 최대한 신경 써서 장소와 상황, 목적에 맞는 복장을 갖춰야 한다. PT 장소 또한 미리 점검해 보는 것이 좋다. 공간의 특성이나 크기, 설치된 기자재도 미리 살펴본다. 장소에 따라서 PT 시나리오가 달라지기도 하기 때문이다.

③ 자신감을 가져라

가장 중요한 것은 자신감을 가진 얼굴과 태도를 유지해야 한다는 것이다. 자신감은 상대에게 확신과 신뢰를 준다. 프레젠터가 자신 없어 하는 내용은 상대방도 쉽게 설득하지 못한다. 'PT 내용에 대해선 이 자리에 있는 어떤 사람보다 내가 가장 많이 안다'는 마음가짐을 가져라.

그러기 위해선 철저하게 준비해야 한다. PT를 잘하는 사람들은 못하는 사람들에 비해 사전 준비가 더 철저하고, 더 많은 정보를 가지고 있으며, 더 큰 자신감을 가지고 있다. 자신감은 준비된 자만이 누릴 특권임을 잊지 말자.

④ 승부는 초반에 갈린다

PT에서는 처음 나오는 말, 즉 시작하고 30초 내에 나오는 말이 가장 중요하다고 할 수 있다. 청중이나 클라이언트의 집중도가 가장 높은 때이기 때문에, 아주 강력한 핵심 문구로 PT를 시작하는 것이 좋다. 이를 위해서는 결론을 먼저 제시하고 그 결론을 도출한 과정과 설명을 이어 가다가 다시 끝에서 결론을 재강조하는 연역적 방법을 권장한다. 이 방법의 핵심은 시작할 때 결론을 말하고 지속적으로 관심을 유발시킴으로써 청중들이 집중하는 시간을 늘리는 것이다.

⑤ 시나리오에 충실하라

PT 잘하는 사람은 소위 '말발' 있는 사람일까? 아니다. PT에서 말하는 능력은 중요하긴 하지만, 그것은 흔히 얘기하는 '말발'과 다르다. PT는 말이 아닌 페이퍼를 통한 커뮤니케이션이고, 프레젠터는 '말발'이 아닌 '준비된 시나리오'를 효과적으로 전달하는 사람이다.

그러니 '나는 원래 말을 잘 못해서 PT도 못해.' 라고 생각하는 사람이 있다면 지금 당장 그 생각을 고치길 바란다. 당신에게 필요한 것은 '말발'이 아니라 '구체적으로 준비된 시나리오'고, 그에 따르는 충분한 준비와 연습이다.

⑥ 슬라이드에서는 핵심만 보여라

PT 슬라이드는 핵심적인 내용으로만 구성한다. 청중은 눈으로는 슬라이드를 보면서 귀로는 프레젠터의 설명을 듣기 때문에, 슬라이드의 내용이 지나치게 상세하고 구체적이면 오히려 프레젠터의 설명 효과를 떨어뜨리는 부작용을 낳는다.

PT 슬라이드의 목적은 효과적인 메시지 전달과 설득이기에 구성 또한 핵심 요소를 중심으로 간결해야 한다. 설명은 슬라이드의 글자가 아닌, 프레젠터의 말로 하는 것이다. 따라서 슬라이드에서 모든 것을 다 보여 주면 청중은 프레젠터의 이야기는 듣지 않은 채 슬라이드를 읽는 데만 몰두하게 된다. 프레젠테이션은 눈과 귀를 동시에 공략하는 것임을 잊지 말자.

⑦ 화려함으로 현혹하려 하지 말라

간혹 청중의 시각과 청각을 자극하기 위해 슬라이드에 너무 현란한 애니메이션 효과를 넣는 경우가 있는데, 이는 주의해야 할 대목이다. 과도한 효과는 집중력을 분산시키는 위험 요소가 될 수 있고, PT에 참여한 노련한 평가자들은 결코 이런 값싼 자극에 현혹되지 않기 때문이다. 설명에 있어서 반드시 필요한 요소가 아님에도 불구하고 이런 효과가 많으면 결국 메시지의 전달력을 떨어뜨리는 결과를 초래할 수 있음을 기억하자.

⑧ 모든 메시지를 강조하려 욕심내지 말라

PT에 참석한 청중들은 이야기의 10퍼센트 정도만 기억한다. 그렇기에 PT에서 모든 메시지를 강조하려다가는 자칫 어떤 것도 강조되지 않을 수 있다. 그러므로 프레젠터가 이야기하고자 하는 내용 중 청중이 반드시 기억하기를 바라는 10퍼센트를 선별, 이를 강력하게 강조하여 주입하는 것이 효과적이다. 다만, 프레젠터가 너무 자주 반복하거나 강조하면 내용에 대한 청중의 호감이 급속히 떨어질 수 있다는 점에 유의하자.

⑨ 정해진 시간을 절대 넘지 마라

'유능한 프레젠터는 5분 늦게 시작하여 5분 일찍 끝내는 사람'이라는 말이 있다. 정해진 시간을 넘기면서까지 말이 길어지다 보면 청중이나 클라이언트의 집중력이 감소하며 역효과를 볼 수도 있다. 이런 사례는 주위에서 종종 볼 수 있는데, 아무리 좋은 이야기라도 시간을 넘기는 것에 대한 청중들의 반응은 차가우니 시간을 맞추는 것도 전략의 한 부분으로 생각해라.

첫인상만큼이나 마지막의 인상도 중요하다. PT를 끝낼 때에는 정중하게 감사 인사를 하고, 핵심 메시지를 다시 간결하게 강조하며 마무리하는 것이 좋다.

PAPER POWER

|제3부|

페이퍼 파워로
세상의 중심에 서라

제 6 장

페이퍼 파워 없이는 미래의 성공도 없다

페이퍼 파워는
가장 중요한 자기 계발 전략이다

　지금까지 이 책에서는 페이퍼 파워가 취업, 승진 그리고 비즈니스에 미치는 영향과 더불어 개인의 브랜드 가치를 높이고 자신에게 유리한 여론을 만들어 내는 방법 등을 다루었다. 페이퍼 파워는 자신을 위한 가장 중요한 능력이자, 우리에게 필요한 자기 계발 전략인 것이다.

　현대 사회의 직장인들은 자기 계발을 위해 샐러던트(Saladent, 공부하는 직장인)가 되기도 하고, 아침형 인간이 되기도 하며, 스스로에게 아낌없는 투자를 하기도 한다. 그런데 이 모든 것보다 중요한 것이 페이퍼 파워를 갖추는 일이다. 페이퍼 파워는 자신의 전문성을 키우고, 자신의 브랜드를 만들고, 자신의 가치와 몸값을 높이는 데 있어서 가장 효과적인 능력이기 때문이다. 그렇다면 좀 더 구체적으로 자기 계발에서 페이퍼 파워가 가지는 효과를 네 가지로 나누어 살펴보자.

첫째, 페이퍼를 만드는 과정을 통해 더 많은 공부를 할 수 있다. 페이퍼 만드는 시간 동안 공부를 하는 것이 더 유리하지, 번거롭게 페이퍼를 만드는 것이 어떻게 더 많은 공부가 된다는 것인지 의아해하는 사람도 있을 수 있다. 그러나 책과 연관하여 공부가 되는 순서를 매겨 본다면, '자신의 책(페이퍼) 쓰기 > 책 읽고 강의하기 > 책 읽은 것을 토론하기 > 책 읽으며 요약 정리하기 > 책 그대로 베끼기(필사) > 소리 내어 책 읽기 > 눈으로 책 읽기'의 순서가 될 것이다(물론 워낙 기형적인 구조를 가진 대한민국의 입시 교육에서는 이런 순서가 적용되지 않는다).

둘째, 페이퍼는 나를 돋보이게 만든다. 주머니 속의 송곳처럼, 수많은 무리 중에서도 나만을 드러나게 만들어 주는 힘이 바로 페이퍼다. 전문가를 만드는 가장 큰 힘은 페이퍼에서 나온다. 남들은 가지지 못한 자신만의 콘텐츠를 책이나 논문으로 담아 낸 사람은 그만큼 높은 평가를 받고, 순식간에 전문가 대열로 고속 상승을 하기도 한다. 특히 회사 내에서 페이퍼 파워가 강한 사람은 보다 많은 사람들이 알아보고, 경영진의 눈에도 보다 잘 띈다는 사실을 절대 잊어선 안 된다.

셋째, 페이퍼는 인맥을 만들어 준다. 인맥은 '내가 아는 사람'이 아니라 '나를 아는 사람'이다. 인맥을 만드는 가장 좋은 방법은 남들이 나를 만나고 싶게 하는 것이다. 그리고 그런 나를 만들어 주는 것이 바로 페이퍼다. 잘 쓴 보고서나 논문, 책은 돌아다니며 늘 새로운 인맥을 자신에게 만들어 준다. 돋보이는 책 한 권으로 정치인의 눈에 들어 정치 분야의 인맥을 쌓게 된 사람, 대기업 경영자의 눈에 들어 경제 분야의 새로운 인맥을 쌓게 된 사람들은 많다. 자신이 돌아다니면서 명함 건네고 인사하며 얼굴 익히는 것보다, 자신의 페이퍼가 그 역할을 해 주는 것이 훨씬 더 효과적이고 강력한 인맥을 구축하는 길이다. 그러니 인맥을 만들기 위해 시간과 노력과 비용을 들이는 것을 줄이고, 페이퍼 만드는 데 그 시간과 노력과 비용을 들여 보라.

넷째, 페이퍼는 길을 만들어 준다. 자기 계발에서 가장 중요한 것은 길, 즉 방향이자 전략이다. 무조건 열심히 하는 것은 무식한 방법이다. 제대로 알고 열심히 나가야 한다. 흔히들 '책 속에 길이 있다'고들 말하지만, 정말 길을 찾는 이는 많지 않다. 책은 자신의 롤 모델을 가장 쉽게 찾는 방법이다. 우리의 롤 모델은 책 속에 살아 있기 때문이다. 책이나 신문 기사에 나온 누군가를 자신의 롤 모델로 삼아 성공의 길을 걷는 사람들이 많다. 사람들은 저마다 롤 모델을 필요로 하지만 그 롤 모델을 직접 만나서 소통하는 사람은 극히 드물고, 대개는 그들이 남긴 글에서 간접 소통한다. 그것이 바로 책 혹은 그들이 소개된 기사나 그들이 쓴 글들이다. 결국 페이퍼에서 롤 모델을 찾고, 페이퍼에서 롤 모델의 흔적을 배워 가는 것이다. 그리고 롤 모델을 따라 함으로써 성공한 사람은 곧 다른 누군가의 새로운 롤 모델이 되기도 한다.

누구나 자기 계발은 한다. 하지만 누구나 페이퍼 파워를 가지려고 노력하지는 않는다. 자기 계발 중에서도 가장 효과적인 것이 페이퍼 파워임을 이제부터 깨달아야 한다. 당신이 이 점을 깨닫는다면 지금부터 쓰는 페이퍼는 이전과는 뭔가 달라질 것이다. 아니, 달라져야만 한다. 시간과 비용을 들이고 주말까지 투자해 열심히 자기 계발을 하면서도, 막상 페이퍼 파워에 대해선 무관심하다면 큰 문제다. 무조건 열심히 하는 것보다, 제대로 열심히 하는 것이 필요하다. 자기 계발에서 가장 중요한 '제대로인 방법'은 바로 '페이퍼 파워를 갖추는 것'이다.

일석십조! 쓰는 자만이 누릴 권력

　책을 쓰는 사람과 책을 보는 사람 중 어느 쪽이 더 큰 이득을 얻을까? 당연히 책을 쓰는 사람이다. 앞서 말했듯이 책을 쓰는 동안에는 더 깊이 있는 공부를 할 수 있다. '한 권의 책을 쓰기 위해서는 최소한 백 권의 책을 읽어야 한다'는 얘기가 있다. 머릿속 생각을 소설처럼 풀어내는 책이 아니라면 이것은 모든 책에 적용되는 얘기다. 책을 쓰는 동안 더 깊이 있고 풍부한 이해를 하게 되기 때문이다.

　책은 '내가 아는 것을 쓰는 것'이 아니라, '내가 알긴 하지만 더 잘 알고 싶은 것이나 남들이 꼭 알아야 할 것'을 쓰는 것이다. 전문가가 되고 싶거나 특정 분야의 깊고 넓은 식견을 갖고 싶다면 먼저 책 쓰는 것을 시도하자. 책을 출판하고 안 하고는 그 다음 문제니, 우선은 자신의 책을 써라. 그것이 자기 계발을 위한 가장 효과적인 방법 중 하나다.

  책을 쓰는 동안에는 전문가에 가까운 질적 성장을 할 수 있다. 그리고 쓴 책을 출판하면 질적 및 양적으로 그 성장이 한 단계 더 높아지며 보다 진화된 전문가가 된다. 출판된 책이 인세라는 수입을 가져다주기도 하고, 자신의 브랜드 가치를 높여 주며 상품성을 만들고, 비즈니스 기회를 더 많이 만들어 주기도 한다. 꼬리에 꼬리를 물고 이어지는 기회와 운을 만드는 데 있어 책은 매우 매력적인 티핑 포인트가 되어 준다.

  『하루 만에 끝내는 경제학 노트』(2007)라는 책이 있다. 이 책은 당시 고교 1학년생이었던 양정환 군이 미시 경제를 공부하는 교내 경제학 동아리에서 쌓은 지식 정보를 책으로 펴낸 것이다. 고등학생이 쓴 책이지만 얕보면 안 된다.『하루 만에 끝내는 경제학 노트』는 고등학생의 눈높이에 맞게 쓰였고, 기존의 경제학 책들에 비해 신선하고 독창적인 사례들을 담고 있는 책이다. 양정환 군은 경제학에 관심이 많았지만 기존의 경제학 책들은 너무 어렵고, 그나마 청소년용으로 쓰인 책은 용돈 관리 등 지나치게 실용 중심의 것들이라 경제학을 제대로 이해하는 데 한계가 있었다고 한다. 그래서 아예 고등학생들이 쉽게 이해할 수 있는 미시 경제에 대한 책을 쓴 것이다.

  없으면 없는 대로가 아니라, 없으면 아예 내가 만들어 버리는 접근법이야말로 창조의 시작이자 날카로운 상상력을 발현시키는 방법이다. 양정환 군은 아마 책을 쓰면서 훨씬 많은 공부와 이해를 했을 것이다. 원래 가르치는 사람이 배우는 사람보다 더 많이 배운다고 하지 않는가. 남들을 위해 자신의 지식 정보를 공유하는 것이지만, 스스로도 그 과정에서 더 많은 것을 깨우치고 더 확실하게 이해할 수 있다는 뜻일 것이다. 아마 양정환 군이 입시를 위한 교육 시스템 안에만 안주했다면, 그리고 그의 부모가 주입식 교육으로만 그를 키웠다면 이런 접근은 결코 하지 못했을 것이다.

재임 때보다 더 사랑받는 미국의 지미 카터(James E. Carter Jr.) 전 대통령은 퇴임 후에만 무려 18권의 책을 펴냈는데, 상당수가 베스트셀러가 되었다. 그의 책은 퇴임 후에도 지미 카터를 영향력 있는 정치 리더로 만들어 냈고, 대중에게 존경받고 사랑받는 전직 대통령으로 기억되도록 했다. 미국에는 수많은 전직 대통령이 있지만, 대중들로부터 그와 같이 오랫동안 사랑과 존경을 받는 사람들은 많지 않다. 지미 카터처럼 페이퍼 파워가 있는 사람이 아니라면 말이다.

'나물이'라는 아이디로 유명한 김용환은 『2000원으로 밥상 차리기』(2003)라는 베스트셀러의 저자다. 페이퍼 파워는 미술을 전공하고 요리가 취미인 그를 '요리 전문 작가'라는 새로운 영역으로 이끌었고, 그의 저서는 수십만 권이나 팔리며 막대한 인세는 물론 다양한 비즈니스 기회도 안겨 주었다. 요리를 좋아하는 사람은 많지만, 그중에서도 페이퍼 파워가 있는 사람만이 성공한 요리 전문 작가가 될 수 있다.

김용환 이후로 블로그를 통해 요리 전문 작가가 된 사람들도 늘어났다. 『쌍둥이 키우면서 밥해먹기』(2005)로 데뷔한 문성실은 그이후로도 여러 권의 요리책을 내고 요리 전문가로 활동한다. '야옹양'이라는 닉네임을 사용하는 또 다른 블로그 스타 김민희도 『야옹양의 두근두근 연애요리』(2005) 및 여러 권의 요리책을 내고 요리 전문가로 방송에 진출하기도 했다. 이처럼 요리 잘하고 좋아하는 일반인 중에서도 자신의 페이퍼를 만들어 내는 사람에겐 요리 전문가이자 작가가 되는 기회가 주어지는 것이다. 이는 비단 요리뿐 아니다. 다양한 분야에서 블로그를 통해 수많은 스타들이 탄생되었는데, 이들의 공통점은 블로그에 자신의 '글'과 '콘텐츠'를 올렸고, 유명세를 타면서 자신의 '책'을 썼다는 것이다.

책을 쓴다는 것은 '일석삼조'가 아니라 '일석십조'다! 책은 인세로 돈을 벌기 위해 쓰는 것이 아니다. 물론 소설을 썼는데 그것이 영화나 드라마로 만들어질 경우에는 수천만 원에서 억대의 저작권료를 한 번에 받을 수도 있다. 또한 수십만 부에서 100만 부 이상이 팔리는 베스트셀러의 작가들이 받는 인세는 수억 원에서 10억 원이 넘기도 한다. 그러나 이것은 극소수에만 해당되는 특수한 경우라고 해야 할 것이다.

저서 출간에 따르는 이익이 오로지 인세만은 아니다. 경제 경영 서적의 경우에는 인세보다 책으로 말미암아 발생한 강연, 칼럼, 그리고 컨설팅이 더 큰 비즈니스가 될 때도 많다. 책을 쓰면 인세도 받고, 자신의 브랜드 가치를 높이며, 전문성도 구축할 수 있다. 뿐만 아니라 책으로 연결된 비즈니스 기회를 얻을 수 있음은 물론 깊은 공부도 할 수 있고 자기만족을 크게 느낄 수 있다.

　이처럼 쓰는 사람에게 제일 이롭기에, 책은 남을 위해 쓰는 것이 아니라 자신을 위해 쓰는 것이다. 그러니 주저 말고 당장 글을 써서 일석십조의 매력적인 특권을 누려 보자. 잘 쓴 글이냐 못 쓴 글이냐, 잘 팔리는 글이냐 그렇지 않은 글이냐는 중요하지 않다. 무엇이 되었든 우선 시작부터 해 보자. '시작이 반'이라는 말도 있고, '시작하지 않는 자에게 끝은 절대로 오지 않는다'는 말도 있지 않은가.

메모하지 않는 자에겐
놀라운 아이디어도 쓸모없다

    페이퍼 파워의 시작은 메모에서 비롯된다. 대단한 책이나 보고서, 논문도 시작은 하나의 작은 아이디어에서 출발하고, 그런 아이디어는 메모를 통해 놓치지 않고 내 것으로 만들 수 있는 것이다. 좋은 아이디어도 기록해 두지 않으면 머릿속에서 사라질 뿐이다. 기록은 곧 페이퍼 파워의 시작이자 끝이다.

    필자의 지인 중에 메모하지 않아서 많은 아이디어들을 사장시킨 사람들이 몇 있다. 아마 이런 경우는 여러분의 주위에서도 쉽게 발견할 수 있을 것이다.

    지인 중에 유아 교육을 전공한 교사가 있다. 음악적 재능이 뛰어나서 어릴 적부터 노래 부르는 것을 매우 좋아하고, 또 잘 부르는 사람이다. 그날의 날씨나 경험 등을 바탕으로 즉석에서 작사, 작곡하여 즉흥곡을 부른다. 대개 동요나 일상적 소품이 될 만한 노래라서 남녀노소 모두 부르기도 쉽다. 이제껏 그렇게 부른 곡만 수백 곡은 될 것이고, 곡의 수준도 결코 떨어지지 않는다. 남들이 들으면 원래 그런 노래가 있는 줄 알 정도다. 그런데 문제는 그분이 그 곡들을 전혀 기록해 두지 않는다는 것, 때문에 시간이 지나면 잊어버리고 만다는 점이다. 매력적인 콘텐츠를 가지고 있음에도 기록을 하지 않아 자기만 즐기고 마는 노래가 되어 버리는 것이다. 만약 기록을 하고 페이퍼 파워를 활용한다면, 그 사람은 한국 최고의 동요 작사, 작곡가가 되었을 것이다.

또 다른 지인 중에 직업이 일간지 기자인데도 자신의 책을 쓰는 것이 너무 어렵다며 엄두를 못 내고 주저하기만 하는 사람이 있다. 대화를 하다 보면 정말 흥미로운 이야기를 쏟아내서 쉽게 몰입되고 그를 좋아하는 사람도 너무나 많아 그의 주위는 늘 사람들로 북적인다. 그 사람의 이야기 자체가 매력적인 콘텐츠이자 그것이 바로 책이 되는 시작인데도, 그것을 정리해 두지 않는 것을 보면 정말 아깝다. 좋은 콘텐츠를 갖고 있으면서도 기록해 두지 않으니 주위의 사람들에게만 잠시 공유되었다가 사라진다. 글 쓰는 것이 직업이지만 정작 자신만의 이야기로 자신을 위해 글을 써 보지는 않은 셈이다. 만약 그 사람이 자신의 이야기를 조금씩 메모하고 기록하는 습관만 가졌어도 지금까지 꽤 여러 권의 베스트셀러를 썼을 것이다.

사실 메모는 할 수 있고 어려운 일도 아니기에, 메모가 가지는 힘을 무시하는 경우가 많다. 하지만 티끌 모아 태산이고 천리 길도 한 걸음부터인 것처럼, 작은 메모 하나는 큰 페이퍼를 이루는 시작이 된다.

페이퍼 파워를 만들어 주는 메모 습관의 시작은 늘 손 가까이에 종이와 펜을 두는 것이다. 책상 위, 컴퓨터 앞, 가방 속을 비롯하여 침대 옆에도, 자동차 안에도, 심지어 화장실에도 종이와 펜은 하나씩 둬라. 이렇게 두면 메모 습관은 자연스럽게 몸에 밴다. 그리고 뭐든 생각나면 적어라. 괜찮은 생각인지 아닌지의 판단은 다 적어 놓은 뒤 다시 보면서 해도 늦지 않다. 그러니 머릿속에서 판단하려 하지 말고 우선은 적어 보자. 낙서도 좋고, 뭐든 끄적거려도 좋다. 메모를 하는 것보다 중요한 것은 보고 정리하는 것이다. 적어 놓기만 하고 버려지는 메모는 머릿속에서 지워지는 생각과 다를 바 없다. 그래서 메모한 것은 반드시 그 후에도 다시 살펴봐야 한다. 하루에 메모한 것을 그날 밤에 다 모아서 다시 보면서 생각을 정리하고 글로 만들어 보라. 그러면 메모가 가지는 놀라운 힘을 내 것으로 만들 수 있을 것이다.

페이퍼는 시작보다 마무리가 중요하다

어떤 종류의 글이든 그것을 쓸 때 중요한 것은 용두사미가 되지 않게 하는 것이다. 누구나 시작은 할 수 있다. 그런데 끝이 맺어지지 않으면 페이퍼가 완결될 수 없다. 페이퍼 파워는 페이퍼를 다 만들 때에만 발휘된다. 다시 말해 시작만 요란하고, 하다가 만 듯한 페이퍼로는 결코 힘을 발휘할 수 없다는 것이다. 미완성된 페이퍼보다는 조금은 부실해도 마무리가 지어진 페이퍼가 훨씬 낫다. 시작도 중요하지만 끝은 그보다 더욱 중요하기 때문이다.

페이퍼를 끝내는 것에도 연습이 필요하다. 모든 페이퍼에는 끝이 있게 마련이다. 끝이 있다는 것은 곧 구성 면에서 완결성이 있고, 내용 면에서는 결론이 있다는 것이다. 그런데 이런 끝을 잘 내는 것도 일종의 습관이다. 때문에 연습이 필요하고, 또 중요하다.

처음부터 욕심 내지 말고 우선은 한두 장짜리 페이퍼부터 만들면서, 한 번 시작한 글은 반드시 끝내는 습관을 들여 보자. 그 과정을 반복하며 분량을 점점 늘려 가면 나중에는 100페이지 분량의 페이퍼도 중간에 지치거나 포기하지 않고 마무리 지을 수 있다.

반대로 분량을 줄이는 연습도 필요하다. 직장인들은 보고서를 쓸 때 필요 이상으로 분량을 의식하는 경우가 많다. 특히 대개의 제안서나 사업 계획서는 100페이지 정도는 가뿐하게 넘긴다. 그런데 과연 그 100페이지에 담긴 내용이 모두 필요하고 중요한 것들일까?

형식을 위해 양을 부풀리는 페이퍼, 예전에 썼던 페이퍼를 복제해서 비슷하게 만들어 낸 페이퍼들은 상당히 많다. 그러다 보니 양은 많은데 질은 부실한 것들이 쏟아진다. 입찰에서의 제안서 심사나 투자를 위한 사업 계획서 검토 등 보고서를 평가해야 할 경우, 가장 먼저 쓰레기통으로 들어가는 것이 바로 그렇게 차별화되지도 못하고 장황하기만 해서 눈에 띄지 않는데도 양만 많은 페이퍼들이다.

이런 종류의 페이퍼에서 가장 중요한 것은 핵심을 효과적으로 정리 및 요약하는 것이다. 텍스트뿐만 아니라 도식으로 요약하는 것도 좋다. 함축적인 빅 픽쳐(Big Picture), 즉 큰 그림 하나면 모든 것이 더 확실하게 설명될 수 있다. 본래 좋은 비즈니스나 독창적인 제안은 명확하고 간결한 것이다. 바꾸어 말하면 명확하거나 간결한 것이 아니라면 그것은 결코 좋은 비즈니스나 제안이 아니라는 뜻이다. 그러니 장황한 내용을 요약하고 정리한 페이지를 만들어 두는 것도 페이퍼를 좋게 마무리하는 한 방법이 되겠다.

사실 어떤 페이퍼도 절대적으로 완벽할 수는 없다. 새로운 정보와 식견들, 새로운 사례와 연구 결과들은 끊임없이 나오기 때문에 모든 페이퍼는 쓰고 난 순간부터 이미 과거가 된다. 이것은 곧 절대적으로 지지받는 완벽한 페이퍼는 없다는 의미다. 최고의 페이퍼라고 평가받는 것들에도 한두 가지 문제점은 있다. 그러니 페이퍼 작성 시 완벽성에만 지나치게 신경 쓰지 않는 것이 좋다.

중요한 것은 우리의 머릿속 생각을 종이 위로 끄집어내어 타인과 공유하고, 그것을 통한 기회를 내가 가지기 위해 만드는 것이 페이퍼라는 점이다. 몇 십 년을 투자해서 완벽한 하나의 페이퍼를 만드느니, 덜 완벽하더라도 매년 하나씩 만들어 내는 것이 훨씬 이익이다. 분량이 많은 책이나 보고서를 몇 년씩 끌다 보면 마무리하기도 전에 이슈가 바뀌거나, 새로운 발견이나 연구 결과가 나와 예전에 썼던 내용을 다 들어내야 하는 경우도 생긴다.

때문에 완벽에 완벽을 기하기 위해 계속 고치기만 하다가는 결코 끝낼 수 없고, 페이퍼 파워를 이용할 기회도 영영 갖지 못한다. 우리가 필요로 하는 페이퍼는 완벽을 위해 더디게 만들어지거나 미완성 상태로 오래 있는 것이 아닌, 다소 완벽성은 떨어지더라도 빠르게 완결된 페이퍼다. 우리는 역사에 길이 남을 페이퍼가 아니라 스스로에게 기회를 가져다줄 페이퍼를 만들고자 하는 것이니, 절대 완벽주의에 빠지지 말자.

써라, 또 써라!
하루에 하나씩 쓰고 만들어라!

　흔히들 '글쓰기에는 별도의 교육과 훈련이 불필요하다'고 생각한다. 그러나 이는 손가락만 있으면 아무나 피아노를 연주할 수 있다거나, 한글만 알면 글을 쓸 수 있을 것이라고 착각하는 것과 같다. 신문 기자가 쓴 기사를 편집실에서 고쳐 쓰지 않기까지는 6~7년이 소요된다고 한다. 글을 쓰는 전문직인 기자도 수년의 트레이닝이 있어야만 좋은 글을 쓸 수 있는 것이다.

　그러나 안타깝게도 상당수의 사람들은 읽어야 할 책도 별로 읽지 않는 데다 책에 대한 분석과 비평을 해 보는 일도 거의 없다. 또 논리적인 주장을 담는 글이나 말을 구사하는 능력 또한 부족하다. 사실 이러한 능력들은 자신의 전문성을 부각시키는 바탕이 됨에도 불구하고 사람들은 이에 대한 관심도 별로 없고, 또 잘 알지도 못한다.

그나마 스터디 그룹이나 교육 기관을 통해서 책 읽기와 글쓰기, 말하기를 함께 훈련받는 사람들은 다행스러운 경우다. 사실 대부분의 사람들은 그것을 혼자서 훈련해야 하기 때문이다. 이럴 경우에는 더 꾸준히, 더 성실히 연습해야 한다. 글 쓰고 말하는 능력이란 하루아침에 만들어지는 것이 아니기 때문이다.

거듭 말하지만, 글쓰기 연습에서 가장 중요한 것은 많이 읽고 많이 써 보는 것이다. 자꾸 써야 실력도 향상된다. 첫술에 배부를 수 없다는 것은 사실 모든 경우에 적용되지만, 특히나 글쓰기에는 오랜 시간을 투자해야 한다. 체계적 분석과 논리적인 전개, 일관된 구성을 이루는 글을 쓰려면 책을 많이 읽어야 하고, 많은 내용에 대해 토론과 비평도 해야 하며, 그런 바탕 위에서 많이 써 보기도 해야 하기 때문이다.

그렇다면 글쓰기는 어떻게 연습해야 할까? 가장 좋은 것은 많이 읽고 많이 쓰는 것이다. 그것이 가장 빠른 길, 가장 최선의 방법이다. 그러나 다른 글과 책들을 많이 읽어 머릿속에 정보를 집어넣는 과정이 선행되어야만 좋은 글이 나올 수 있다. 머릿속에 들어간 것들이 있어야 글로 나오지 않겠는가? 그러니 꾸준한 독서야말로 글쓰기의 밑천이다.

그 다음에 필요한 것은 얻은 정보에 대한 분석과 정리, 요약을 익히는 것이다. 비즈니스 글쓰기에서 가장 중요한 것은 정보 분석과 정리 및 요약이다. 문장력보다 더 중요한 것이 바로 이 능력이고, 그에 이어 가져야 하는 것이 논리적인 글 전개와 구성력, 그리고 어휘력과 문장력이다.

　이렇게 말하면 상당히 복잡한 과정 같지만, 한마디로 정리하자면 많이 읽음과 동시에 규칙적으로 많이 써야 한다는 뜻이다. 이것에 덧붙일 한 가지는 자신이 쓴 글을 다른 사람에게 읽혀서 평가를 받아야 한다는 것이다. 내가 쓴 글을 내가 보면 잘 쓴 글인지 못 쓴 글인지 분간할 수 없을 뿐더러 객관적 평가 또한 불가능해진다. 따라서 남에게 공개하여 평가받는 기회를 만드는 것은 매우 중요하고 필수적인 일이다. 때문에 최소 1~2년 정도를 계획하고 꾸준히 훈련한다면 평생 자신이 가질 경쟁력의 큰 축이 될 글쓰기 능력을 갖추게 될 것이다. 인생에서 1~2년은 그리 길지 않다. 이 기간에 잘 투자하면 숨어 있던 자신의 재능을 발견하고, 그로 인해 새로운 기회와 인생을 만들어 낼 수도 있다.

　글쓰기 훈련은 놀라운 결과를 만들어 내기도 한다. 필자의 지인 중 필자에게 글쓰기 훈련을 받고 아예 글 쓰는 직업을 갖게 된 이가 있다. 글 쓰는 것과 관계없던 일을 하는 사람이었는데, 1년 이상 훈련을 받은 후 책은 물론 신문의 칼럼까지 썼고, 직업도 잡지사 기자로 바꾸었다. 물론 그 사람에게는 자신만의 콘텐츠와 전문성이 있었지만, 묵묵하고 꾸준하게 1년 이상을 투자한 덕분에 자신의 재능을 새롭게 발견했고, 그 분야에서도 꽤 유능하게 능력을 발휘하며 잡지사 편집장감으로 발전하고 있다.

어떤 분야에서든 노력하며 흘린 땀만큼 실력도 늘어나지만, 글재주는 더더욱 그렇다. 비트켄슈타인이 한 얘기를 다룬 기사를 아래에 하나 인용해 본다.

> 유명한 철학자이자 언어학자인 비트켄슈타인은 "내 언어의 한계는 내 세계의 한계"라고 말했다. 내 언어의 한계를 늘리려면 방법은 하나밖에 없다. 많이 읽고 많이 생각하고 많이 쓰는 것이다. 태곳적부터 전해 내려온, 앞으로도 영원히 변하지 않을 글재주를 키우는 유일한 방법이다.
>
> (이정훈, 같은 글)

비트켄슈타인의 말처럼, 글재주를 키우는 유일한 방법이라는 '많이 읽고, 많이 생각하고, 많이 쓰는 일'에 여러분을 초대한다. 너무 쉽고 간단한 처방이라 시시해하지 마라. 본래 쉽고 간단한 것이 더 강력하고 효과적인 법이니 말이다.

자, 지금부터 하루에 한 가지씩 무슨 글이든 써라. 주제나 분량은 자유롭게 하되, 지속적으로 매일 쓰는 습관을 들여라. 점점 주제도 전문적으로, 분량도 구체적으로 정하면서 매일 글을 써라. 글쓰기 능력은 천부적인 자질보다 연습량에 비례한다는 평범한 진리를 몸소 확인할 수 있을 것이다.

페이퍼 파워는 하루아침에 만들어지지 않는다

　페이퍼 파워를 위한 트레이닝에는 반드시 인내가 필요하다. 땀나고 피나는 훈련 없이 하루아침에 페이퍼 파워를 가질 수 있는 사람은 없다. 천재도 자세히 보면 땀 흘린 자들이다. 피카소라고 해서 붓을 잡은 날부터 바로 천재적인 작품들을 그려낸 것이 아니고, 아인슈타인은 240여 편의 논문을 썼다.

　세계적인 발레리나 강수진의 발을 본 적이 있는가. 그녀는 천재라기보다 지독한 연습 벌레였다. 한국이 낳은 대표적인 야구 선수인 박찬호와 이승엽도 지독한 연습 벌레이고, 프리미어리거인 박지성도 마찬가지다. 가수 비도, 연기자 김명민도 정상에 오르기까지 엄청나게 많은 땀을 흘렸다.

　이처럼 어떤 분야에서 최고가 되는 가장 쉽고 정확한 길은 끈질

기게 연습하는 습관을 가지는 것이다. 꾸준한 훈련의 무서운 힘은 여기에 있다. 장시간에 걸친 계속된 반복을 통해 자신도 모르는 사이에 조금씩, 그러나 결과적으로는 엄청난 능력이 자신의 몸에 배어들게 한다는 것이다. 더불어 남들에게는 무척이나 혹독해 보이는 그 훈련이, 훈련하는 이에게는 전혀 힘들게 여겨지지 않을 만큼 자연스러운 것으로 여겨진다.

뭐든지 꾸준한 양적 축적 속에서 질적 성장이 가능해진다. 100점을 받으려면 처음엔 30점, 40점도 받아야 한다. 주저하고 망설이면 영원히 0점이지만, 시도하는 것으로도 이미 0점은 벗어난다. 좀 더 좋은 능력으로 발전시키기 위해 많이 읽고 많이 쓰다 보면, 결국 그것 없이는 결코 좋은 페이퍼를 만들기 어렵다는 것을 몸소 느끼게 된다.

페이퍼 파워를 갖고 싶다면 우선 많이 써라. 글은 머리가 아닌 손으로 쓰는 것이다. 때문에 좋은 생각이 아무리 많다 해도 그것을 글로 옮기지 않으면 페이퍼 파워를 키울 수 없다. 글을 쓸 때에는 용감해야 하고, 완벽주의에 빠지지도 말아야 한다. 완벽하되 뒷북인 것보다는 조금 아쉬워도 선도적인 것이 낫고, 그보다는 시의적절한 것이 낫다. 완벽을 기하다가는 영원히 책 한 권 못 내고, 시의적절한 보고서도 못 쓴다. 이것은 책을 쓸 때, 아니 책까지는 아니더라도 짧은 보고서나 그냥 글을 쓸 때도 필요한 태도다.

괴테가 평생을 들여 대작인 『파우스트(Faust)』를 썼다는 것에 큰 의미를 두는 사람들도 있지만, 사실 그는 "스스로의 과욕을 좀 더 빨리 깨달았다면 더 많은 책을 쓸 수 있었을 것이다."라고 말하며 후회했다고 한다. 그가 할 수 있었던 더 많은 일과 기회를 과욕이 모두 묻어 버린 셈이기 때문이다. 물론 괴테는 위대한 인물이지만, 만약 그가 자신의 과욕을 빨리 깨달았다면 우리는 더 위대한 괴테를 만났을지도 모른다.

완벽을 추구할 순 있지만 결코 완벽할 수는 없다. 책을 쓰고 나면 어떤 이유로든 아쉬움과 후회가 남게 마련이다. 책은 출간과 동시에 시간이 멈춰 버리지만, 시대와 사람들은 계속 변하기에 완벽한 책이란 존재할 수 없다. 완벽에 대한 집착 때문에 끝내 원고를 탈고하지 못하고 영원히 출간하지 못하는 사람들도 있다. 이런 사람들은 결코 페이퍼 파워를 누릴 수 없을 것이다. 자기 혼자서만 페이퍼를 만들다 말 테니 말이다. 그러니 완벽함을 조금 포기하더라도 과감하게 실행하는 것이 낫다. 영원히 얻을 수 없는 100점보다, 현실적으로 얻을 수 있을 90점을 추구하는 것이 더 현명할 수 있기 때문이다.

『영혼을 위한 닭고기 스프(Chicken Soup for the Soul)』를 비롯하여 『내 마음을 열어 주는 101가지 이야기(101 more stories to open the heart and rekindle the spirit)』 등을 쓴 카운슬러 겸 베스트셀러 작가인 잭 캔필드(Jack Canfield)는 "퇴짜 맞지 않은 베스트셀러 작가는 없다."라는 말을 했다. 포기하지 말고 용감하게 도전하라는 메시지를 담은 이 말은 잭 캔필드 자신의 경험에서 우러나온 이야기다.

그가 쓴 『영혼을 위한 닭고기 스프』는 1993년 출간 후부터 190주 연속 「뉴욕타임스」의 베스트셀러에 들었고, 세계 40여 개 나라에서 번역, 1억 부 이상이 팔리며 '3초 만에 한 권씩 팔린 책'으로도 기록되었다. 그런데 이 책이 130번의 퇴짜를 맞고, 131번째 출판사에서 출간된 책이란 사실을 알고 있는가? 출판사 하나는 평생 먹여 살릴 만한 엄청난 히트작이 될 책을 어떻게 130개 출판사에서 알아보지 못했는지도 놀랍지만, 130번에 걸친 퇴짜에 굴하지 않고 계속 다른 출판사를 찾아간 잭 캔필드는 더 놀랍다.

페이퍼를 쓸 때 염두에 두어야 할 몇 가지 것이 있다. 우선은 '주제의 참신성'이다. 독특하고 창의적인 주제를 다루는 글이면 이미 절반은 이기고 들어간다. 그리고 자신이 원하는 목적에 부합하게 써야 한다. 자신의 목적 달성을 도와주는 페이퍼가 필요한 것이다. 아무리 좋은 주제나 내용이더라도 자신에게 유리하지 않을 페이퍼라면 쓰지 않는 것만 못하다. 마지막으로 내용과 형식 모두에서 '몰입과 설득을 위한 접근'이 이루어져야 한다는 것이다. 이를 위해 내용 면에서는 객관성(근거)과 흥미성(재미)이 있어야 하고, 형식 면에서는 심미성과 차별성이 있어야 한다. 페이퍼 잘 만드는 방법은 의외로 간단하다.

다시 정리하자면, 참신한 주제를 선택하고, 자신이 목적하는 바에 맞는 것을 쓰고, 내용에서 근거와 재미가 어우러지며 형식도 제대로 갖추는 것이다. 물론 이렇게 말해도 어렵게 여겨지고, 무슨 말인지 잘 이해되지 않는 사람들도 있을 것이다. 사실 이들의 공통점은 '페이퍼를 많이 접해 보지 않은 사람'이라는 것이다. 만약 자신이 그런 사람들 중 하나라고 생각된다면 우선은 책, 논문, 보고서 등 남이 만든 페이퍼를 많이 읽어 보자. 그와 동시에 내 것도 계속 쓰다 보면 필자가 말한 바를 이해할 수 있을 것이다. 자연스럽게 자신의 페이퍼도 점점 나아질 것은 물론이다.

**페이퍼 파워 없이는
미래의 성공도 없다
♣ 핵심 정리 ♣**

페이퍼는 가장 효과적인 자기 계발 도구다. 페이퍼 파워는 자신의 전문성을 키우고, 자신의 브랜드를 만들고, 자신의 가치와 몸값을 높이는 데 있어서 가장 효과적인 능력이기 때문이다. 6장에서는 페이퍼가 자신의 성공을 어떻게 앞당기는지를 이야기하며, 페이퍼 파워를 위해 갖춰야 할 마인드와 전략을 제시했다.

01 페이퍼 파워의 시작은 메모 습관에서 비롯된다. 대단한 책이나 보고서, 논문도 시작은 하나의 작은 아이디어에서 출발하고, 그런 아이디어는 메모를 통해 놓치지 않고 내 것으로 만들 수 있다. 좋은 아이디어도 기록해 두지 않으면 사라지므로, 기록은 곧 페이퍼 파워의 시작이자 끝에 해당한다.

02 페이퍼의 대표 주자인 책은 아주 유용한 자기 계발 도구다. 책을 쓰면 인세도 받고, 자신의 브랜드 가치를 높이며, 전문성도 구축할 수 있다. 뿐만 아니라 책으로 연결된 비즈니스 기회를 얻을 수 있음은 물론 깊은 공부도 할 수 있고 자기만족감도 크게 느낄 수 있다. 책을 쓴다는 것은 '일석이조'가 아니라 '일석십조'인 것이다.

03 페이퍼 파워는 꾸준히 흘리는 땀을 필요로 하므로, 페이퍼 파워를 갖고 싶다면 우선 많이 써 보는 것이 중요하다. 글을 쓸 때에는 용감해야 하고, 완벽주의에 빠지지도 말아야 한다. 성공하고 싶다면 페이퍼 파워부터 갖춰라. 그것이 가장 빠른 성공의 지름길이다.

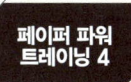
페이퍼 파워 트레이닝 4

페이퍼 파워 향상을 위한 세 가지 기본 준비

페이퍼 파워를 높이기 위해선 기본에 충실해야 한다. 기본은 바로 페이퍼 파워의 핵심이다. 가장 기본이 되는 요소를 갖추는 것이 가장 강력한 전략이자 요령이기 때문이다. 아래 세 가지는 가장 기본이자 핵심이 되는 요소들이다. 이 세 가지를 머릿속에 각인시킴으로써 여러분의 페이퍼 파워를 한 단계 더 높일 수 있을 것이다.

① 목표 대상을 명확하게 잡아라

모두를 공략하려다가는 어느 누구도 공략하지 못할 수 있다. 목표 대상이 명확치 않으면 일반적인 이야기를 할 수밖에 없고, 그럴수록 메시지는 두루뭉술해질 수밖에 없으며, 그래서 설득력도 떨어진다.

좁고 날카로울수록 쉽게 찌를 수 있다는 것은 불변의 사실이다. 목표 대상이 명확해진다는 것은 공격할 무기가 얼마나 좁고 날카로워지느냐와 직결된다. '적을 알고 나를 알면 백전불패'라는 진리는 여기서도 통하는 말이다.

② 쉽고 재미있게 쓰고 구성하라

많이 아는 사람은 쉽게 말하거나 쓸 줄 안다. 반면 잘 모르는 사람은 설명도 어렵고 딱딱하다. 아무리 좋은 내용이라도 몰입이 안 되면 소용없다. 몰입을 위해서라면 흥미로워야 한다. 같은 내용이라도 편집에 따라서 효과가 달라진다.

예전 교과서들은 흑백 사진과 딱딱한 글로만 이뤄졌지만, 요즘 교과서들은 잡지처럼 화려하게 편집되고 다양한 컬러 사진, 쉽고 재미있는 표현 등으로 구성된다. 10~20년 전에 공부했던 사람들이 요즘 교과서를 본다면, 십중팔구는 "옛날에 저런 교과서가 있었다면 더 열심히 공부했을 거야."라고 말할 것이다. 재미있으면 좀 더 쉽게 집중할 수 있고, 따라서 이해하는 것도 좀 더 수월해질 수 있기 때문이다.

필자가 읽은 마케팅 서적 중 가장 흥미로운 것 한 권을 꼽으라면, 제프 콕스(Jeff Cox)와 하워드 스티븐슨(Howard Stevens)이 함께 쓴 『마케팅 천재가 된 맥스(Selling the Wheel)』를 들고 싶다. 이 책은 코끼리가 주요 운송 수단이었던 고대 이집트 시대에 최초로 돌 바퀴를 발명한 맥스가 마케팅에 눈을 떠 가는 과정을 소설로 풀어낸 것이다. 대단한 이론이나 전략이 담긴 책은 아니지만, 마케팅을 소설로 매우 재미있게 표현했다는 데 높은 점수를 주고 싶다. 지금 시대의 좋은 책은 쓰는 이가 쓰고 싶은 얘기를 써 놓은 책이 아니라 보는 이가 원하는 얘기를 써 놓은 책이다. 독자에게 필요한 내용을, 독자가 쉽게 이해할 수 있는 방식으로 쓴 책만큼 좋은 책이 또 있으랴.

페이퍼는 내가 보기 위해 만드는 게 아니라 남에게 보여 주기 위해 만드는 것임을 잊지 말자. 문학적 글쓰기는 집어치우고, 전략적이고 계산적인 글쓰기와 편집이 필요하다. 그것이 페이퍼 파워를 활용하고자 하는 이들의 태도다. 쉽고 재미있고, 보기 좋게 구성하는 것은 페이퍼가 가진 기본 중의 기본이다.

③ 페이퍼의 큰 그림을 그려라 : 명쾌한 핵심을 드러내라

대학원 때 했던 과제 중 기억나는 것이 하나 있다. 교수님이 제시하신 논문을 A4 용지 한 장에 도식으로 그려 오는 것이었다. 참 난감했다. 어렵고 긴 논문을 어떻게 하나의 도식으로 명쾌하게 그려 낸단 말인가. 그런데 그 과제를 통해 페이퍼 전체를 관통하는 핵심에 대한 그림을 그리는 노하우를 익히게 되었다. 어려운 논문을 도식으로 표현하는 것은 그 내용을 모두 이해해야만 가능한 일이다. 그러니 텍스트로 요약하라는 것보다 아주 좋은 과제였던 셈이다.

글을 그림으로 그려 내는 것은 누구나 할 수 있는 일인데, 단지 많이 해 본 적이 없어서 생소할 뿐이다. 어렵고 복잡한 텍스트를 최대한 요약하여 단순화시키면 도식화를 위한 기본 얼개들이 만들어진다. 그것을 가지고 논리와 연결성을 고려한 도식을 그려 내면 된다. 한 번 그렸는데 영 이상하다면 다시 그리고, 또다시 수정하길 여러 번 하다 보면 아주 명쾌한 도식이 나온다.

쉽고 명쾌하고 직관적인 페이퍼를 위해 필요한 것이 바로 그림이다. 사전 설명 없이 보기만 해도 바로 이해되기 쉬운 것이 바로 그림이고, 간단한 설명만 추가되어도 전체를 파악하게 하는 것 역시 그림으로 그려진 도식이다. 도식처럼 그려질 수 있으면 어떠한 어려운 명제라도 쉽고 명쾌하고 설명할 수 있고, 그것이 안 되면 설명도 어려워질 수밖에 없다. 텍스트가 아닌 그림으로 이해하고 그림으로 설명하라. PT에서 이미지나 도식이 중요한 이유가 바로 이것이다.

상대를 설득시키거나 이해시키는 것은 수많은 메시지나 긴 문장이 아니다. 단 하나의 문장, 단 하나의 도식 등 간단하게 정리되는 것에서 상대를 설득시킬 힘이 나온다. 모호하고 추상적인 것은 결코 그림이나 도식으로 그려 낼 수 없고, 그것으로는 결코 상대를 설득할 수 없다.

제 7 장

페이퍼 파워를 높이는
여섯 가지 습관

지금부터 다루는 것은 습관으로 익히는 페이퍼 파워 트레이닝이다. 일상에서 손쉽게 할 수 있는 습관들이 곧 효과적인 트레이닝이 될 수 있다. 그러니 머리가 아닌 몸으로 받아들여서 따라 해 보자.

이 장에서 다루는 페이퍼 파워 트레이닝에는 여섯 가지가 있다. 결코 어렵지 않은, 누구나 가질 수 있는 습관이니 겁먹지 말고 모두 자신의 것으로 만들어 보자. 이 여섯 가지 습관만 가져도 이미 페이퍼 파워는 내 것이나 다름없다.

하나, 읽어라!:
남의 것을 읽지 않으면 쓸 수도 없다

다른 사람의 글을 읽어 보지 않고서는 내 글을 쓸 생각도 말아야 한다. 읽을 때는 내용도 형식도 모두 고려하고 꼭꼭 씹어 먹듯이 차근차근 읽자. 잘 쓰인 책, 잘 만들어진 보고서 등을 읽는 데 시간을 아끼지 마라. 읽는 것만큼 좋은 글쓰기 공부는 없다.

읽는 것에도 요령이 있다. 우선 가려 읽는 버릇을 들여라. 목적 지향적 독서인 셈인데, 수만 권을 읽을 자신이 없다면 뭐든지 닥치는 대로 읽기보다 자신에게 필요한 책이나 문서부터 읽어 가는 것이 좋다. 자신의 전문성과 관계되거나, 관심사나 목표에 부합하는 책과 문서들을 잘 가려내야 한다. 책을 요약해 주는 서비스도 있으니 이를 활용해서 자신에게 필요한 책을 고르는 것도 요령이다. 신문의 서평을 주시하는 것도 유용하다.

중요한 것은 모두가 선호하는 대중적인 베스트셀러가 아닌, 자신에게 필요한 책을 찾아 읽어야 한다는 것이다. 논문이나 보고서도 요약 정보부터 보고, 경제 연구소나 각종 포럼들의 자료실에 있는 문서 자료는 조회수도 참고해서 선택할 필요 있다.

읽는 것이 결코 일이 되어선 안 된다. 일이 되면 습관으로 자리 잡기 힘들기 때문이다. 읽는 것 자체를 즐거운 놀이로 여겨라. 그러려면 일상적으로 읽을거리를 접해야 한다. 틈날 때마다 신문이든 잡지, 책, 보고서 등 뭐라도 읽어라. 읽는 것 자체에서 즐거움을 찾도록 길들여야 비로소 습관이 된다.

또한 '한 번 잡은 책은 끝까지 다 읽어야 한다'는 강박증을 버려라. 제목과 목차만 제대로 읽어도 된다. 책은 목차로 모든 것을 말한다. 목차는 전체 구성을 말하는데 구성을 보고 그중 몇 꼭지만 먼저 훑어보면 그 책이 끝까지 다 읽어야 할 책인지 금세 판단된다.

필자는 책을 볼 때 목차를 보고 내용을 머릿속으로 유추해 본다. 그런 다음에 어느 한 부분의 내용을 읽어 보고 유추한 내용과 다를 바 없다면 더 이상 책을 읽을 필요가 없다고 판단하고 덮는다. 세상은 넓고 읽어야 할 책은 수없이 쏟아지기 때문이다. 이렇게 하면 한정된 시간에 보다 많은 책을 훑어볼 수 있다. 물론 읽어야 할 책이라 판단되면 끝까지 꼼꼼하게 읽어야 한다. 모든 책을 훑어보기만 해서야 되겠는가.

읽다 보면 '내가 쓰려고 했던 것을 이 사람이 이미 썼네.' 하며 힘이 빠지는 경우도 있을 수 있다. 자신이 쓰려고 준비하던 것이거나, 웬만큼 구성까지 해 뒀다면 더 그럴 것이다. 하지만 이런 경험을 통해 오히려 더욱 힘을 내야 한다. 적어도 자신의 생각은 책으로 출간될 만큼 충분한 얘깃거리였음이 검증된 것이기 때문이다. 자신이 쓰고자 한 것과 유사한 책이 있다면 그것을 분석하고 해체하고 재해석해서 다음에 더 좋은 것을 쓰면 되는 것이다. 그러니 그런 일에 우울해하지 말고 더 즐겁게, 더 많이 읽어라.

마지막으로, 입으로도 읽고 손으로도 읽자. 눈으로만 읽어선 머릿속에 쌓이기는커녕 이해도 잘 안 되는 책들이 있다. 그러나 그것을 소리 내어 입으로 읽어 보면 눈으로만 읽을 때보다 훨씬 더 잘 이해되고 기억된다. 손으로 종이에 옮겨 적으면 더욱 좋다. 읽는 것은 눈으로만 하는 것이 아니니, 입과 손을 동원에서 입체적으로 읽어 보라. 보다 즐겁게 읽는 습관이자, 보다 강력한 기억과 이해법이 될 것이다.

둘, 수집하라!: 나만의 DB를 만들어라

　자료를 수집하는 습관은 읽는 습관에서 연장된 것이다. 머리에 축적시키지만 말고 자료나 기록으로 남겨서 모아라. 읽는 것만큼이나 자료로 남기는 것도 중요함을 잊어선 안 된다. 특히 책이나 논문, 각종 페이퍼를 쓰고자 하는 사람들에게 자료 수집은 읽는 것 이상으로 중요하다. 머릿속에 남겨 두기엔 우리의 기억이 신통치 않고, 기억보단 기록과 저장이 확실히 낫다.

　읽다가 좋은 표현이나 유용한 다이어그램 등 참고할 내용과 형식들이 보이면 꼭 스크랩해 두고 기록으로 남겨라. 스크랩하고 저장한 정보는 효과적으로 분류해 놓아야만 추후에 활용할 수 있다. 그렇지 않으면 기록을 위한 기록, 저장을 위한 저장에 그칠 수 있다. 활용하지 않을 것이라면 굳이 힘들여 기록이나 저장을 할 필요가 없지 않은가.

　자료 수집에도 요령이 있다. 우선, 최대한 구체적으로 분류하여 수집하라. 분류해서 체계적으로 모으면 나중에 페이퍼를 만들 때 매우 유용하다. 무조건 많은 양을 확보하기 위해서가 아니라, 자신에게 필요한 것을 활용 가능한 형태로 수집하도록 한다. 우리에게 필요한 것은 정보 창고가 아니라 '정보 도서관'이기 때문이다.

　페이퍼 작업을 위한 나만의 정보 도서관을 만들어 보자. 컴퓨터 안에 폴더별로 나누어 관리해도 좋고, 책장에 자료를 모아 둬도 좋다. 중요한 것은 수집한 것은 수시로 다시 살펴보고 그 속에서 필요한 가치를 찾아내 활용해야지, 그냥 모아 두는 것 자체에 만족해선 안 된다는 것이다. 구할 수 있는 정보는 넘친다. 다만 자신의 필요에 맞게 그것을 분류하고 정리해 놓는 것은 누구나 하지 않고, 또 할 수 없는 일이다. 그런 만큼 그 일은 가치 있는 것일 뿐만 아니라, 페이퍼를 만들 때 매우 강력한 힘을 발휘하게 해 주는 것이다.

　읽는 것과 마찬가지로 수집도 습관이어야 한다. 일부러 시간을 내서 자료를 수집하는 것도 필요하지만 일상에서 이런 습관을 가지면 훨씬 효과적이다. 신문, 포털 사이트의 뉴스, 블로그, 책, TV 등 우리가 매일 접하는 매체는 상당히 많다. 본 것 중에서 자신의 업무나 관심사, 쓰려는 책이나 논문과 연관된 내용이 있다면 습관적으로 모아 두자. 그러다 나중에 각 분야별로 수집 폴더를 열어 보면 수많은 자료가 쌓여 있을 것이다. 바로 이것이 습관의 힘이다.

단, 수집할 때 복사를 너무 믿지 마라. 자료 조사에서 복사는 가장 쉬운 방법임과 동시에 효과도 가장 낮은 방법이다. 그러니 복사보다는 직접 기록하고 정리하는 것이 좋다. 복사를 한다면 반드시 복사한 내용을 잘 정리해서 기록으로 옮겨라. 그리고 복사물은 잘 분류해서 나중에 쉽게 찾고 꺼내 볼 수 있도록 하라.

자료 수집의 목적은 그것을 활용하는 것이니 수집 자체는 과정에 불과하다는 사실을 절대 잊어선 안 된다. 안타깝게도 자료 수집 자체로 만족하는 사람들이 너무 많다. 복사도 하고 폴더에 저장도 해 놓지만 막상 보관만 할 뿐 활용하지 않는다면 그 자료들은 모두 쓰레기가 된다.

마지막으로, 나만의 자료를 모아라. 나만의 정보 DB나 참고용 페이퍼 DB를 만들어 두자. 또한 틈틈이 필요한 사진을 찍어 나만의 이미지 DB도 만들어 보자. 한 가지 덧붙이자면 온라인에서 본 내용이나 신문에서 본 내용 등 정보를 모을 때는 각기의 출처와 원문을 명확히 기록해 둬야 한다는 것이다. 출처도 모르는 자료를 페이퍼에서 활용할 수는 없기 때문이다. 저작권이나 신뢰도 문제 때문이라도 수집한 자료의 출처는 명확하게 기록되어야 한다.

셋, 과감해져라! : 페이퍼에 대한 겁을 없애라

　적지 않은 사람들이 글쓰기 앞에서는 '난 잘 못쓰는데……' 하며 주저하곤 하는데, 이런 태도는 버려라. 과감해져라. 글 쓰는 데, 페이퍼 만드는 데 겁먹지 마라. 글이 여러분을 잡아먹지는 않는다. 그러니 맘껏 써 봐라. 썼는데 부족하고 맘에 들지 않을 땐 고치거나 다시 쓰면 된다. 처음부터 잘 쓰는 사람은 없다. 다들 쓰고 또 쓰다 보니 실력도 느는 것이다.

　일기장이나 블로그, 독서 노트에 글을 쓰는 것도 좋고, 매일 한 장씩 혹은 하나의 주제에 따라 써 보는 것도 좋다. 감상 위주로 혹은 마음 가는 대로 쓰는 글이 아니라 어떤 주제에 대한 정리나 비평, 주장이 담긴 글을 쓰는 것이 필요하기 때문이다.

　사실 우리는 평소에도 수시로 뭔가를 쓰고, 인터넷 덕분에 글을 쓸 기회도 더 많아졌다. 다만 채팅 등의 '문자 커뮤니케이션'에 치중하고 있다는 것이 문제이긴 하다. 우리에게 필요한 것은 하나의 완결된 글을 써 보는 경험이다. 이미 읽는 습관과 수집하는 습관을 통해 다른 이들의 수많은 페이퍼를 꼭꼭 씹어 먹었다면 이젠 그것을 쓰는 습관으로 연결시켜 보자. 많이 읽고 많이 수집하고 분석했다면, 쓰는 것은 점점 쉬워진다. 이제 용기와 자신감만 있으면 된다.

문장력보다 필요한 것은 논리력이다. 문학 작품을 쓰는 게 아니라면 논리력이 문장력보다 우선이다. 물론 문장력까지 있으면 금상첨화지만 논리력 없는 문장력은 그다지 별 쓸모가 없다.

논리적 글쓰기를 하려면 여섯 명의 정직한 하인, 바로 '육하원칙(六何原則)'을 가져야 한다. 글이나 말에 있어서 육하원칙은 매우 기본적인 논리 구조임과 동시에 상대에게 효율적으로 의사와 생각을 전달하기 위한 서술 구조다.

'누가, 무엇을, 언제, 어디서, 왜, 어떻게'가 육하원칙의 여섯 가지 요소다. 영어로 5W1H(who, what, when, where, why, how)라고도 하는 이것은 19세기 말엽 노벨상 수상 작가인 키플링(Rudyard Kipling)의 시(詩)에서 유래되었다 할 수 있다. 그가 쓴 어느 시에는 'I Keep six honest serving-men. Their names are what and why and when and how and where and who!(나에게는 여섯 명의 정직한 하인이 있네. 그들의 이름은 무엇, 왜, 언제, 왜, 어떻게, 어디서 그리고 누구라네!)'라는 구절이 있다.

그렇다. 그의 시에서 나온 얘기처럼, 육하원칙은 말에 있어서 매우 정직하면서도 충실한 존재가 된다. 글을 쓰고 페이퍼를 구성할 때 육하원칙의 요소를 하나씩 꺼내어 답을 찾아보면 매우 효과적으로 내용을 정리하고 분석할 수 있다. 논리적으로 분석하는 데도 좋고, 반대로 논리적으로 설득하고 전파하기 위해서도 아주 좋은 틀이 되는 것이 육하원칙이다.

순서와 단계에 따라 글을 써 나가는 것도 필요하다. 논리적인 글을 쓰기 위해서는 순서에 따라 말하는 것이 좋다. 단계에 따라 순차적으로 글을 진행하면 읽는 사람들도 보다 쉽고 명쾌하게 내용에 몰입할 수 있다. 따라서 이러한 단계별 서술은 글을 쓰는 이보다 읽는 이를 위해 더욱 필요한 방법이다. 잘 읽혀야 잘 이해될 수 있고, 그래야만 설득이든 전파든 가능해질 것이기 때문이다.

순서에 따른 글쓰기 방법 중 가장 보편적인 것은 서론, 본론, 결론으로 나뉘는 3단계법이다. 서론은 문제를 제기하여 상대의 관심을 유발시키는 단계로, 여기에서는 논리보다 감성을 강조하여 상대를 사로잡는 것이 필요하다. 본론은 서론에서 제시한 문제에 대해 논리적이고 설득적으로 근거를 제시하고 실증하는 단계로, 인용이나 근거 제시를 통해 내용을 객관화시켜야 한다. 앞에서 얘기한 것에 감동과 여운을 더해 마무리 짓는 단계인 결론에서는 저자의 주장을 마지막으로 강조하면서 글을 끝맺음하게 된다.

3단계법 외에 기-승-전-결로 구성하는 4단계법도 있다. 기

(起)는 3단계법의 서론에 해당하는 도입 부분으로 문제를 제시하고, 승(承)은 사실이나 관찰, 실험 등 문제 해결의 사례를 서술하며, 전(轉)은 분석과 논증을 통해 해결책을 제시하고, 결(結)에서는 결론을 내린다.

5단계법도 있다. 이 방법은 각 단계에서 다음 단계로 넘어가는 데 필요한 동기를 유발하고, 단계별 순차를 통해 체계적으로 내용을 전달하는 방법이다. 1단계는 서론 이전 단계로 독자의 흥미나 주의를 집중시키고, 서론인 2단계에서는 문제를 제시한다. 3단계는 해결책을 제시하는 단계이고, 4단계에서는 본론을 증명하며, 마지막인 5단계에서 결론을 제시한다.

육하원칙이나 단계별 서술 구조는 누구나 익히 알고 있지만, 막상 글을 쓸 때 간과하기 쉬운 요소다. 그러나 보다 논리적이고 조리 있게 자신의 주장이나 생각을 전파하기 위해서는 글의 내용뿐 아니라 그것을 펼쳐 내는 형식도 고려해야 함을 잊어서는 안 된다.

이렇게 논리와 전개 방법에 맞게 글을 쓴 후에는 꼭 누군가에게 보여 주는 과정이 있어야 한다. 물론 엄두가 나지 않거나, 좀 민망하거나 부끄러울 수도 있다. 그러나 그럴수록 더더욱 남이 내리는 평가를 받아 봐야 한다. 남에게 보여 주는 순간이 글 쓰는 이에게는 또 하나를 배우는 기회, 즉 스스로가 보다 객관적으로 자신의 글을 되돌아 볼 기회가 된다.

혼자 쓰고 혼자 보는 글로서는 트레이닝이 되지 않고, 글이 늘지 않는다. 잘 쓰는 사람들은 이미 이런 습관을 가지고 있다. 그들도 처음에는 민망하고 부끄러운 경험이 있었지만, 그것을 극복하고 쓰고 또 쓰면서 공력이 쌓인 것이다. 좋은 글을 쓰는 사람들은 대개 누가 일러 주지 않아도 원래부터 과감하고 용감하게 잘 쓰는 사람들이었다. 만약 여러분들이 그런 사람이 아니라면 반드시 쓰는 습관을 가져야 한다. 그러니 쓰는 것만큼은 아끼지 말고 꽉꽉 써라. 글쓰기에서 쓰는 습관만큼 중요한 것은 없다.

넷, 따라 써라! : 몸으로 글을 익혀라

좋은 글이 보이면 일단 따라 써 보자. 여러분에게 필요한 것은 창조적 모방이자 벤치마킹이다. 거듭 강조하지만 우리가 써야 할 페이퍼는 문학 작품이 아니다. 그러니 창조적 모방과 벤치마킹에 주저할 필요 없다. 사실 마케팅이나 비즈니스는 창조적 모방의 대표적 산물이다. 그렇기에 비즈니스 커뮤니케이션에서 활용되는 보고서나 제안서 등에서도 창조적 모방이 필요하다. 벤치마킹을 통해 잘된 형식과 내용을 창조적으로 모방하여, 보다 매력적이고 설득력 있는 내용과 형식을 구성하자는 것이다.

잘 만들어졌다고 생각하는 책이나 보고서를 그대로 옮겨 적거나 재현해 보자. 베끼는 것도 매우 좋은 공부가 된다. 다만 너무 따라 하는 것에 길들지는 말아야 한다. 자신도 모르게 흉내 내고 있는 우를 범하기도 하기 때문이다. 모방은 트레이닝 시에만 유용한 것이니, 창작 과정에서도 모방을 일삼아선 곤란하다.

　내용이 아닌 구성과 전개 방식, 세부적 형식, 사례를 다루는 방식이나 자료를 분석하고 결론을 도출해 내는 방식 등 형식은 벤치마킹하는 것이 좋다. 내용은 창작하되, 형식은 창조적으로 모방하라는 것이다. 좋은 형식은 오랫동안 검증되고 수정되고 보완되며 진화한 산물이다. 그러니 자기만의 차별화된 형식을 찾겠다며 불필요한 에너지를 쏟기보다는 이미 검증된 좋은 형식을 활용하는 것이 효과적이다.

다섯, 고쳐 써라! :
손볼수록 페이퍼는 좋아진다

　글을 고친다는 것은 곧 창조적 파괴이자 보완이다. 자신이 쓴 것에 대해 고집 부리지 마라. 자신이 쓴 글이 너무나 귀해서 손대기도 싫고, 고치기 싫은 것은 안다. 하지만 그것은 글쓰기의 대가들이나 부리는 고집이다. 남들의 평가를 냉정히 받아들이고, 수정·보완하는 데 주저하지 말자. 가장 못난 사람이 수준은 낮은데 고집만 센 사람이다. 원래 훈수만 두어도 10단이 된다고 한다. 대개가 잘 쓰지는 못해도, 남의 글을 읽고 봐주는 눈은 있다는 뜻이다. 그러니 주위 사람들이 주는 비평과 조언을 감사히 받아들이고, 고치고 또 고칠 수 있는 태도를 가져라.

　요약하는 것도 좋은 트레이닝 방법이다. 한 권의 책이나 두꺼운 보고서를 한 장으로, 신문 기사를 절반 분량의 글로, 하나의 칼럼을 하나의 문장으로 줄이거나 요약하는 것을 연습해라. 요약은 전체 내용을 충분히 이해할 때 매끄러워진다. 따라서 내용 전체를 읽고 이해하는 작업을 먼저 하고, 그것을 정해진 분량에 맞게 다듬고 정리해 보자. 이렇게 요약을 연습하는 것 자체가 내용 파악과 핵심 정리를 위한 가장 좋은 트레이닝 방법이다.

이것이 가능해지면, 반대로 글을 늘리는 것도 가능해진다. 글을 늘리려면 부연 설명이나 추가적인 사례를 넣는 방법이 있다. 이처럼 원래 글을 줄이고 늘리는 것을 통해 글을 보다 읽기 좋고 이해하기 쉽게 만들 수 있다.

글을 늘리거나 줄이는 이러한 트레이닝은 결국 자신이 썼던 글을 더욱 좋은 글로 고쳐 쓰는 능력을 높이는 데 필요한 요소다. 글에 대한 애착이 높을수록 오히려 글을 고치는 것에 관대하다. 한 번 써 놓은 글에 대한 고집은 버리고, 더 좋은 글이 되도록 고치고 또 고치며 다듬어 가야 한다. 더 세심하게 다듬을수록, 수정과 보완을 반복할수록 여러분이 만든 페이퍼의 파워는 높아질 것이다.

여섯, 편집하라! : 좋은 형식은 내용을 돋보이게 한다

　편집하는 습관은 구성력을 높이는 데 필요한 연습이다. 내용만큼이나 중요한 것이 편집과 구성이다. 텍스트를 나열하는 것에서 그치지 않고 그것을 효과적으로 정리하고 잘 보이도록 편집하거나, 다이어그램 등과 같은 다양한 형식도 시도해 보자. 껍데기가 알맹이보다 더 강할 때도 있고, 좋은 형식은 내용을 더욱더 돋보이게 한다.
　앞선 다섯 가지 습관을 제대로 익히면 자연스럽게 몸에 배는 것이 바로 편집하는 습관이다. 좋은 형식을 알아보는 눈은 많은 것을 본 사람에게 주어지고, 좋은 형식을 적용하는 손은 창조적 모방을 많이 해 본 사람에게 주어진다. 그러므로 잘된 페이퍼를 보고 따라 하는 연습, 자신의 페이퍼에 자신이 본 괜찮은 형식을 적용시켜 보는 연습을 통해 편집 능력도 향상된다.

나만의 편집 노트를 만드는 것도 좋다. 자신이 주로 만드는 페이퍼의 종류와 특성, 내용 등에 따라서 가장 효과적인 편집 형식들을 모아 두는 것이다. 주로 자신이 읽어 보거나 수집한 페이퍼 중에서 좋은 형식이 있으면 기록해 둔다. 이렇게 되면 페이퍼의 형식에 대해서는 특별히 고민하지 않아도 된다. 기록은 원문 파일 자체를 저장해 두거나 출력물이라면 복사를 하고, 만약 복사가 불가능한 것이라면 사진을 찍어 두거나 간단하게 종이에 그려서라도 남겨야 한다. 디지털 카메라나 카메라 기능이 있는 핸드폰을 늘 가지고 다니면 좋은 이유, 수첩과 펜을 늘 가지고 다녀야 하는 이유도 바로 이것이다. 좋은 것을 보고도 기록이나 저장을 해 두지 않는 태도는 페이퍼 파워를 필요로 하는 사람들이라면 지양해야 한다.

글쓰기에서는 문장과 내용이 중요하겠지만, 페이퍼에서는 그보다 편집이 더 중요할 때가 많다. 페이퍼는 글에 종이라는 형식이 더해진 것이다. 아무리 좋은 내용이라도 매력적인 형식이라는 조연이 없다면 돋보이는 주인공이 되기 어렵다. 같은 내용의 보고서라도 텍스트로만 나열해 놓은 것과 소제목과 요약문, 카피와 적당한 다이어그램 및 이미지를 활용하여 편집해 놓은 것에는 매우 큰 차이가 있다. 가령 같은 내용이라도 '훈글'이나 'MS 워드' 등의 문서 프로그램에서 작성하여 A4 용지에 흑백으로 프린트한 것과, 잡지처럼 구성하여 좋은 용지에 컬러로 프린트한 것이 달라 보이는 것처럼 말이다. 우리는 상대에게 글을 전하는 것이 아니라 페이퍼로 전한다. 그러니 페이퍼의 최종 구성 형식인 편집에 대해서 제대로 알지 않으면 안 된다.

편집은 내용의 핵심을 강조하는 것에서 시작한다. 모든 텍스트를 다 강조할 수는 없으니 그중 핵심이 되는 내용을 추려 별도의 박스 안에 넣는다거나, 그 부분의 글씨를 굵게 혹은 별색으로 처리하여 눈에 띄게 하는 것도 한 방법이다. 중요한 것은 편집을 통해 가장 핵심적인 내용을 더욱 두드러지게 만든다는 것이다.

편집은 또한 텍스트와 비중을 재배열하는 작업이기도 하다. 전체 내용에서 먼저 강조할 것과 나중에 강조할 것, 부연 설명할 것 등을 가려내어 싣는 순서와 분량을 판단하는 것이다. 이러한 판단을 위해서는 만들고자 하는 페이퍼의 내용에 대한 풍부한 이해와 함께 페이퍼의 목적과 기대 효과, 페이퍼를 볼 대상자들의 성향과 특성도 함께 고려해야 한다. 편집은 내용을 더 잘 보이게 만드는 일종의 메이크업 작업이기 때문이다.

내용에 맞는 이미지를 찾고, 적당한 위치에 넣는 것도 중요하다. 이런 편집 감각을 익히려면 잡지를 많이 보는 것도 한 가지 방법이다. 잡지는 사진과 텍스트의 조화가 매우 잘 이뤄진 매체다. 자신의 페이퍼에 이미지를 활용하면 보는 이도 훨씬 흥미롭게 내용을 읽어 갈 수 있다.

자신이 보고 있는 페이퍼가 있다면 그것의 몇몇 요소를 직접 바꿔 보는 것도 편집 실력을 키우는 데 좋다. 우선 기존의 제목보다 더 매력적인 제목이 무엇일지 생각해서 바꿔 보고, 그 다음엔 목차, 즉 텍스트의 순서와 구성을 달리해 보자. 기존의 순서와 구성이 완벽하다면 모르겠지만 바꾸려 한다면 충분히 바뀔 수 있고, 바꾸는 것만으로도 전체 페이퍼의 짜임새가 보다 견고해지는 경우도 많다.

그 다음엔 페이퍼에 사용된 사례나 통계, 조사 자료 등을 다른 것으로 대체해 보자. 내용의 근거가 될 이들을 바꾸는 것은 전체 구성을 바꾸는 것만큼이나 큰 변화를 가져올 수 있다. 보다 흥미롭고 설득력 있는 사례나 조사 자료로 대체한다면 그 페이퍼는 더욱더 가치가 높아질 것이다. 이미지나 표의 내용, 크기, 위치 등도 모두 바꾸고, 페이퍼에 사용된 컬러나 레이아웃 등 형식적인 요소도 다른 것으로 갈아 보자.

이렇게 바꾼 후에는 원래 있던 페이퍼와 나란히 두고 어떤 것이 어떻게 달라졌고, 어떤 점이 더 좋은지 비교해 보라. 이런 비교를 통해 자신의 업무 분야와 관련한 페이퍼에서는 어떤 형식이 더 설득적이고 호감이 가는지, 더 매력적이고 주목되는지를 검증해 보는 것도 좋다. 이런 연습이야말로 가장 실질적으로 필요한 페이퍼 작성 테크닉을 익히는 지름길이다.

좋은 습관은 몸으로 익혀서, 몸으로 실행하는 것이다. 편집하는 습관을 비롯한 페이퍼 파워 트레이닝을 위한 여섯 가지 습관 모두 몸으로 잘 익혀서, 일상적으로 실행할 수 있길 바란다. 습관은 반복에 의해서 몸에 익고, 좋은 습관은 몸에 익은 것을 자신의 필요와 목적에 따라 활용할 줄 아는 것이다. 강력한 페이퍼 파워도 그 시작은 습관에서 비롯된다. 일상의 작은 습관이 가장 강한 경쟁력을 만드는 무기로 발전하는 것이다.

**페이퍼 파워를 높이는
여섯 가지 습관
♣ 핵심 정리 ♣**

페이퍼 파워는 일상의 습관으로 충분히 트레이닝할 수 있고, 이를 통해 누구나 페이퍼 파워를 높일 수 있다. 7장에서는 페이퍼 파워를 높이는 여섯 가지 습관을 쉽게 풀어서 이야기했다. 이 습관만 여러분의 것으로 만든다면 페이퍼 파워도 이제 여러분 것이다.

01 첫째, 읽는 습관이다. 잘 써진 책, 잘 만들어진 보고서 등을 읽는 데 시간을 아끼지 마라. 세상은 넓고 읽어야 할 것은 무척이나 많다! 읽는 것만큼 좋은 글쓰기 공부는 없다. 눈으로만 읽을 것이 아니라 입으로도, 손으로도 읽어 보자. 입체적으로 읽는 만큼 머리에는 오래 남는다.

02 둘째, 수집하는 습관이다. 머리에 축적시키지만 말고 자료나 기록으로 남겨서 모아라. 특히 책이나 논문, 각종 페이퍼를 쓰고자 하는 사람들에게 자료 수집은 읽는 것 이상으로 중요하다. 단 자신에게 필요한 정보들을 수집한 후에는 분류·정리하는 일을 병행하자.

03 셋째, 써 보는 습관이다. 일단은 마음껏 쓰고, 쓴 것이 스스로 부족하거나 못마땅하게 여겨지면 고치거나 다시 쓰면 된다. 쓰고 또 쓰다 보면 실력은 저절로 늘어난다. 논리와 전개 방법에 맞게 글을 쓴 후에는 남에게 보여 주는 과정을 통해 객관적으로 자신의 글을 되돌아 보라.

04 넷째, 따라 쓰는 습관이다. 잘되었다고 생각하는 책이나 보고서를 그대로 옮겨 적거나 재현해 보자. 형식을 창조적으로 모방하라는 것이다. 나만의 차별화된 형식을 찾겠다고 불필요한 에너지를 쏟는 것보다는, 오랫동안 검증·수정·보완되며 진화한 좋은 형식을 차용하는 것이 효과적이다.

05 다섯째, 고치는 습관이다. 자신이 쓴 글이 아까워도 뜯어 고치고 수정·보완하는 데 주저하지 말자. 책이나 보고서, 신문 기사 등을 줄이거나 늘리는 것을 연습하는 과정을 통해 자신이 만든 페이퍼의 힘을 높여 보자.

06 여섯째, 편집하는 습관이다. 내용을 돋보이게 하는 편집과 구성에 공을 들여라. 효과적으로 텍스트를 정리하는 방법을 연구하고, 다이어그램이나 도표 등 다양한 장치의 활용도 시도해 보자. 자신의 업무 분야와 관련된 페이퍼에서는 어떤 형식이 더 매력적인지도 연구해 보자.

페이퍼 파워 트레이닝 5

페이퍼 파워, 이렇게 관리하고 발휘하라

잘 쓰고 만드는 데 필요한 습관을 익혔다면, 이젠 페이퍼를 효과적으로 잘 활용하자. 페이퍼는 만드는 것보다 활용하는 것이 더 중요하다. 물론 잘 만들어진 페이퍼는 알아서 날개를 달고 퍼지면서 페이퍼 파워를 발휘하기도 한다. 강력한 페이퍼 파워를 발휘하는 데 중요한 세 가지는 다음과 같다.

① 기회 앞에 주저하지 마라

페이퍼 파워를 발휘할 기회는 수시로 온다. 자신이 준비한 제안서 혹은 보고서를 설명하거나 발표하는 것이 이에 해당한다. 학생이든 직장인이든, 사업가든 전문직 종사자든 관계없이 사람들은 누구나 페이퍼를 만들고 그것을 통해 남들에게 평가받을 일과 마주한다. 이때 서로 안 하려고 미루거나 뒤로 빠지는 경우를 종종 볼 수 있는데, 그건 단연코 그 사람의 손해다.

기회는 페이퍼를 들고 나서는 사람에게 더 많이 주어진다. 그러니 페이퍼를 활용하거나, 페이퍼를 통해 남들 앞에 서게 된 기회를 감사히 즐겨라. 결코 주저하지 말고 자신감 있게 과감해지자. 자신감은 설득을 위한 최고의 무기다. 같은 내용이라도 확신에 찬 사람의 글이나 말은 더 강력하다. 페이퍼가 만들어 낼 기회를 피해선 안 된다. 절대 주저하거나 불안해하지 마라.

② 페이퍼를 아끼지 마라

페이퍼 만드는 데 들어가는 시간과 노력, 비용을 절대 아끼지 마라. 많이 들어간 만큼 보상하는 것이 페이퍼에 대한 투자다. 상대가 원하는 페이퍼를 가져가는 사람은 진정한 고수가 아니다. 상대가 요구하지 않았어도, 꼭 필요하다고 생각하면 페이퍼를 만들어 가져가라.

　페이퍼는 수백 마디의 말보다 훨씬 더 강력한 힘을 가진다. 그러니 가능한 한 많은 페이퍼를 만드는 데 힘써라. 당신의 미래를 바꿔 놓을 페이퍼, 당신의 가치를 높여 줄 페이퍼는 반드시 그 안에서 나온다. 그러니 페이퍼에 대한 투자는 결국 성공을 위한 기회비용과도 같다.

　한 가지 덧붙이자면, 한 번 만든 페이퍼를 너무 우려먹으려 들지 말라는 것이다. 페이퍼에도 유통 기한이 있고, 주기적인 업데이트와 보완이 필요하다.

③ 마케팅 마인드를 가져라

　페이퍼 재주는 '글재주 + 편집 재주 + 마케팅(홍보) 재주'라고 할 수 있다. 좋은 내용을 잘 쓰고, 잘 편집했다면 그것을 적극적으로 활용할 마케팅과 홍보 마인드가 필요하다.

　페이퍼는 말보다 목적적이어야 하고, 말보다 마케팅적이어야 한다. 페이퍼를 통해 나, 내가 다니는 회사, 내가 파는 상품 등을 잘 팔아야 하는 것이다. 페이퍼를 만드는 데 시간과 노력과 비용을 들이는 이유는 결국 뭔가를 팔아서 그것이 주는 경제적·정치적·사회적 이익을 얻기 위함임을 잊지 말길 바란다.

페이퍼 파워

펴낸날	초판 1쇄 2009년 9월 16일
	초판 2쇄 2009년 12월 15일

지은이 **김용섭**
펴낸이 **심만수**
펴낸곳 **(주)살림출판사**
출판등록 1989년 11월 1일 제9-210호

경기도 파주시 교하읍 문발리 파주출판도시 522-1
전화 031)955-1290 팩스 031)955-1355
기획·편집 031)955-1387
http://www.sallimbooks.com
book@sallimbooks.com

ISBN 978-89-522-1255-9 03320

* 값은 뒤표지에 있습니다.
* 잘못 만들어진 책은 구입하신 서점에서 바꾸어 드립니다.

책임편집 **장윤정**